Christine Schulz-Reiss
So lebt die Welt

Christine Schulz-Reiss

So lebt die Welt

Völkerverständnis für Kinder

Illustrationen von Anna Zimmermann

Loewe

Der Umwelt zuliebe ist dieses Buch
auf chlorfrei gebleichtem Papier gedruckt.

ISBN-10: 3-7855-5866-X
ISBN-13: 978-3-7855-5866-9
1. Auflage 2006

Umschlagillustration: Anna Zimmermann
Umschlaggestaltung: Andreas Henze
Printed in Slovenija (004)

www.loewe-verlag.de

Inhaltsverzeichnis

Afghanistan, Armenien, Aserbaidschan, Bahrain, Bangladesch, Bhutan, Brunei, China, Georgien, Indien, Indonesien, Irak, Iran, Israel, Japan, Jemen, Jordanien, Kambodscha, Ost-Kasachstan, Katar, Kirgisistan, Nordkorea, Südkorea, Kuwait, Laos, Libanon, Malaysia, Malediven, Mongolei, Myanmar, Nepal, Oman, Pakistan, Philippinen, der Osten Russlands, Saudi-Arabien, Singapur, Sri Lanka, Syrien, Tadschikistan, Taiwan, Thailand, der Osten der Türkei, Turkmenistan, Usbekistan, Vereinigte Arabische Emirate, Vietnam, Zypern – 48 Staaten, bei dreien davon deren östlicher Teil, gehören zu Asien. Es ist der größte Kontinent der Erde und die Heimat von weit mehr als der Hälfte aller 6,5 Milliarden Menschen, die auf dieser Welt leben.

So leben die Kinder Asiens

So leben die Kinder Asiens

So viele Kinder!

Ma Li hat einen großen Wunsch: Sie möchte so gern Geschwister haben. Doch Ma Li ist Chinesin und damit ein Kind des mit 1,3 Milliarden Menschen größten Volkes der Erde. So viele Menschen lebten vor hundert Jahren auf der ganzen Welt! Heute ist jeder fünfte Erdbewohner ein Chinese. Ma Lis Heimat ist fast so groß wie unser ganzer Kontinent Europa. Trotzdem ist ihr Land in Sorge, es könnte sein Volk bald nicht mehr ernähren, wenn es weiter so schnell wächst wie bisher. Deshalb soll jede Familie nur ein Kind haben. Ma Li muss aber keine Angst haben, dass sie niemanden zum Spielen findet: Kinder gibt es in China jede Menge, allein zweihundert Millionen zählen die, die zur Schule gehen. Das sind schon zweieinhalb Mal so viele Menschen, wie in Deutschland insgesamt leben! Die zwei größten Städte – Shanghai und Beijing (Peking) – haben jede weit über zehn Millionen Einwohner, weitere zwanzig Metropolen mehr als zwei Millionen. Das schafft in Deutschland gerade mal die Hauptstadt mit knapp über drei Millionen Berlinern. In Ma Lis Schulklasse gehen mehr als vierzig Kinder. Fünfzig Schülerinnen und Schüler in einer Klasse – das ist in China ganz normal.

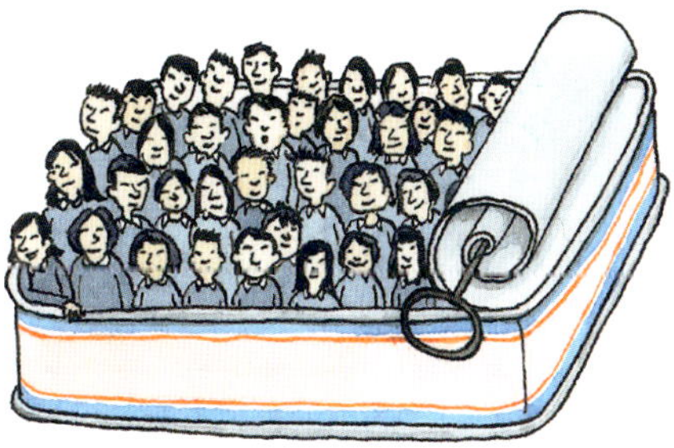

Von allem etwas

China ist das bevölkerungsreichste Land der Erde. Es liegt auf dem größten Kontinent der Welt, Asien, und ist dort nach Russland der zweitgrößte Staat. Auch Indien gehört zu Asien. Es nimmt mit über einer Milliarde Einwohnern den zweiten Platz der Länder mit den meisten Menschen auf der Erde ein. Aus Japan, das ganz im Osten im Pazifischen Ozean liegt, kommen die witzigsten Comics, die verrücktesten elektronischen Geräte und die raffiniertesten Computerspiele. Zu Asien gehören außerdem die reichen Öl-Länder Arabiens, in denen das „schwarze Gold" aus dem Boden sprudelt (so wird das Erdöl genannt, weil man damit viel Geld verdienen kann). Auch der Osten der Türkei liegt geografisch auf diesem Kontinent, ebenso wie die Mittelmeerinsel Zypern.

Asien ist gigantisch groß und bedeckt ein Drittel der Landfläche unserer Erde. Da wundert es nicht, dass das Leben der Menschen in den einzelnen weit voneinander entfernten Ländern sehr unterschiedlich ist. Asien – das ist dort, wo man (wie in China, Japan und Korea) mit Stäbchen isst. Asien, das sind tropische Strände wie in Thailand oder auf den Philippinen. Das ist aber auch bittere Kälte, wie sie im Norden im russischen Sibirien herrscht oder auf den höchsten Bergen der Erde im Himalaya. Dort liegen die Länder Nepal und Bhutan. Asien, das sind endlose Steppen und Wüsten wie in der Mongolei oder in Kasachstan. Von allem etwas gibt es in China, das sich über unterschiedliche Klimazonen und Landschaften erstreckt.

Was singst du da?

„Ni hau! Ni hau ma?" „Guten Tag! Wie geht es?" So begrüßt Ma Li ihre Tante, wenn die vom Land zu Besuch in die Stadt Shenzen kommt. Dort lebt die Familie Ma. In China wird der

Familienname als Erstes genannt. Der Vorname des Mädchens ist also Li. „Hen hau, schiä, schiä“, „Danke, sehr gut!“, antwortet die Tante - und freut sich, dass ihre Nichte so wohl erzogen und höflich ist.

Die Sprachen Asiens sind uns sehr fremd. Wenn die Menschen Ostasiens miteinander reden, hört sich das für unsere Ohren an, als würden sie singen. Das liegt daran, dass nicht nur die Lautfolge eines Wortes besagt, was es bedeutet, sondern auch die Tonhöhe und sein Klang. Manche Sätze sind wie Melodien. Die Sprache der Russen in Zentralasien empfinden wir als eher hart. Das Arabisch Vorderasiens klingt dagegen viel geschmeidiger.

Hier ist hinten vorn

Wenn Ma Li ein Buch aufschlägt, fängt sie hinten an. So liest sie auch - von hinten nach vorn. Die chinesischen und japanischen Bücher fangen dort an, wo bei unseren die Rückseite ist. Bei Zeitungen ist es ebenso. Ma Lis Eltern haben noch gelernt, senkrecht von oben nach unten zu schreiben. Die moderne chinesische Schrift hat sich der waagrechten Schreibweise angepasst. Die Japaner und Koreaner dagegen schreiben noch immer von rechts oben nach links unten. Diese Zeichensäulen werden von rechts nach links, eine nach der anderen gelesen, der ganze Text von hinten nach vorn. Allerdings lernen die Kinder in der Schule inzwischen auch die bei uns übliche Schrift.

Viele Länder und Kulturen auf diesem riesigen Kontinent haben nicht nur ihre eigenen Sprachen, sondern auch unterschiedliche

Schriften. In Arabien ähnelt das Schriftbild mit seinen vielen Schleifen, Schnörkeln und Girlanden einem Ornament. In Russland schreiben die Menschen kyrillisch. Das ist eine Schrift, die ihren Ursprung in den griechischen Zeichen hat. Das russische Abc wird Asbuka genannt. Der einstige Herrscher Zar Peter der Große hat es vor dreihundert Jahren eingeführt. Am heftigsten aber dürften den Kindern in China beim Lesen- und Schreibenlernen die Köpfe rauchen: Die chinesische Schrift besteht aus über 50 000 Zeichen! Von ihr stammt die Schrift der Japaner und Koreaner ab. Die Zeichen stellen nicht wie bei uns einzelne Buchstaben dar, sondern gleich ganze Silben oder Begriffe. Jedes gibt wie ein Bild das Beschriebene wieder. In der Schule lernen die Kinder 2 000 dieser Zeichen – das reicht, um lesen zu können. Geschrieben werden sie von rechts nach links.

Erst surfen, dann putzen

Heute haben Daisuke und Sonoko gelernt, sich selbst ein U-Bahn-Ticket zu kaufen. Die beiden gehen in die zweite Klasse ihrer Grundschule in Japans Hauptstadt Tokio. Der

U-Bahn-Besuch war Teil des Unterrichts. Auf ihrem Stundenplan steht auch ein Fach, das „Alltagsleben" heißt. Dazu gehört, dass Daisuke, Sonoko und die anderen Kinder selbst die Schule putzen. Jede Klasse ist regelmäßig damit dran.

Daisuke und seine Freundin lernen wie alle Kinder der ersten und zweiten Klassen Rechnen, Lesen und Schreiben. Außerdem bringen die Lehrer ihnen bei, wie man ein Geschäft findet, einkauft, was man auf welchem Amt erledigen kann und wie das U-Bahn-Fahren funktioniert. Eben alles, was man im täglichen Leben so braucht. Ab der dritten Klasse üben die Kinder das Arbeiten am Computer und surfen im Internet. Der Laptop ist für achtjährige Schüler ein Arbeitsgerät wie Stift und Papier.

Bist du still!

Eines sollten Daisuke und Sonoko in der Schule besser nicht tun: einem Lehrer widersprechen oder gar im Unterricht dazwischenrufen. Japans Schüler sind sehr diszipliniert. Die Lehrer achten darauf, dass keiner vorlaut ist oder die anderen stört. Schon im Kindergarten haben Daisuke und Sonoko gelernt, sich ruhig zu verhalten, still zu sitzen und geduldig zuzuhören. Dort haben sie auch die ersten Schriftzeichen geübt. Die Schulen in Japan, China und Korea gelten als die strengsten der ganzen Welt. Der Unterricht dauert von acht Uhr morgens bis halb fünf nachmittags. Für viele Kinder ist die Arbeit dann aber immer noch nicht vorbei: Selbst die guten Schüler wiederholen den Stoff anschließend in zusätzlichen Förderstunden. An vielen Schulen ist auch am Samstag Unterricht. Dafür schaffen es aber fast alle Kinder auf eine höhere Schule.

Pokémon, Kitty und Diabolo

Hello Kitty, Pokémon, Dragonball oder Sailormoon – all diese Figuren und Spiele kommen aus Japan. Pokémon mögen nicht nur die Kinder gern: Eine japanische Fluglinie hat zum Vergnügen ihrer erwachsenen Passagiere sogar ein Flugzeug mit Pikachu, Piepi und Relaxo bemalt. Zeichentrickfilme schauen und am Computer spielen gehören zu den liebsten Freizeitbeschäftigungen der japanischen Kinder. Das Lernen am PC steht auch für Chinas Drittklässler schon auf dem Stundenplan. Viele kleine Chinesen sind ganz verrückt nach dem Computer und verbringen – nicht immer zur Freude der Eltern – einen Großteil ihrer Freizeit vor dem Bildschirm. Besonders wild sind sie aufs Internet: Jeder fünfte chinesische Surfer ist ein Kind.

Aus dem Fernen Osten kamen Spiele wie der Kreisel und das Diabolo zu uns. Das Diabolo ist ein Holz- oder Plastikteil in Form einer Sanduhr. Es wird auf eine Schnur gelegt, die an zwei Stöckchen hängt. Mit viel Geschick werden dann diese Stöckchen so bewegt, dass das Diabolo auf der Schnur zu tanzen beginnt. Wer es schafft, seines springen und singen zu lassen, ist besonders gut.

Das Lieblingstier der Chinesen ist der Drache. Dieses Fabeltier ist im Reich der Mitte, wie wir China nennen, ein jahrtausendealtes Symbol für Würde, Macht und Erfolg. Die Japaner sind geschickt darin, Papier zu winzig kleinen Figuren zu falten. Diese Kunst wird Origami genannt. Und Chinas Kinder wiederum sind musikalisch Spitze: Nirgendwo sonst gibt es so viele junge Leute, die Klavierspielen lernen. Angeblich üben 38 Millionen kleine Chinesen, in die Tasten zu greifen.

Dieses Boxen tut nicht weh

Wenn Ma Lis Vater morgens zur Arbeit geht, trifft er sich mit seinen Kollegen im nahe gelegenen Park. Dort trainieren sie zusammen Tai Chi. Dieses Schattenboxen hält den Körper geschmeidig und ist gut für die Konzentration.

Was wir als modische Kampfsportarten kennen – Kung Fu, Tai Chi oder Karate – hat in ostasiatischen Ländern eine uralte Tradition. Viele Menschen beginnen damit ihren Tag. Schon die Kinder in China, Japan und Korea treten in Wettkämpfen gegeneinander an oder üben Schattenboxen, das Tai Chi. Bei diesen Sportarten geht es darum, seinen Körper möglichst perfekt zu beherrschen. Bei uns sind sie beliebt, weil man sich mit dem geschickten Einsatz von Armen, Handkanten und Beinen prima gegen einen Angreifer wehren kann. Im Fernen Osten haben die Bewegungen noch eine ganz andere Bedeutung. Einige Übungen sind schon über tausend Jahre alt und wurden von Mönchen erfunden. Ihre Religion schrieb ihnen vor, zum Beten und Meditieren stundenlang still zu sitzen. Mit Tai Chi, Kung Fu und Karate haben die frommen Männer ihre dabei steif gewordenen Körper wieder in Gang gebracht.

Die Übungen dienen in den Religionen des Fernen Ostens, dem Shintoismus, Taoismus und Buddhismus, noch einem anderen Zweck: Das Lebensziel der Gläubigen ist es, sich in Einklang mit der Natur, den Göttern und Geistern zu bringen. Sich voll und ganz auf sich selbst zu konzentrieren ist der erste Schritt dorthin. Und das muss man auch bei diesem Sport tun. Wem das gelingt, der fühlt sich, als fließe jeder Gedanke in den Körper und als werde der Körper selbst leicht wie ein Gedanke. Es ist, als ob der Mensch völlig in sich selbst versinkt. Das nennt man meditieren. Die alten asiatischen Sportarten sind eine Art von Meditation.

Geister willkommen

Jeden Morgen zündet Gung an einem mit Blumen und Girlanden geschmückten kleinen Geisterhaus ein Räucherstäbchen an. Vor vielen Gebäuden in ihrer thailändischen Heimatstadt Chiang Mai stehen solche Häuschen aus Holz. Gung verneigt sich und bittet darum, dass ihr heute die Geister der Ahnen helfen. Denn in der Schule steht für sie eine wichtige Prüfung an. Sonoko in Tokio versucht, die bösen Geister mit Geschenken zu besänftigen. Das machen die Anhänger der Shinto-Religion. Ma Lis Landsleute beschwören beim chinesischen Neujahrsfest die unsichtbaren Wesen mit Feuerwerk und kunstvoll geschmückten Papierdrachen, die einige Meter lang sind. Diese Drachen tanzen auf vielen Füßen. Denn unter ihrer „Haut“ stecken Menschen, die die Fabeltiere durch die Straßen schwänzeln lassen.

In religiösen Bräuchen, Legenden und Märchen des Fernen Ostens spielen Geister und die geheimnisvollen Kräfte der Natur eine wichtige Rolle. Wer sich mit den Geistern gut stellt, kann so Glück und Wohlstand beschwören.

Die Feste Süd- und Südostasiens spiegeln diesen Glauben wider.

Das chinesische Neujahrsfest ist meistens erst im Februar, weil der Mondkalender den Jahresablauf bestimmt. Im Süden des Landes stellt man an diesem Tag ein Pfirsichbäumchen auf. Das wird mit Lichterketten und Kumquats behängt. Die orange-gelben Früchte sollen kleine Goldsäckchen darstellen und symbolisieren den Wunsch der Menschen nach Geld.

In Japan heißt das Neujahrsfest Oshogatsu. An diesem Tag lesen die Japaner von kleinen Glückszetteln ihre Zukunft ab. Es gibt auch ein extra Fest für die Kinder: Shichi-go-san. Das heißt Sieben-Fünf-Drei. Shichi-go-san ist im November. An diesem Tag erbitten alle siebenjährigen Mädchen, fünfjährigen Jungen und die dreijährigen Kinder beiderlei Geschlechts an den heiligen Schreinen der Shinto-Gottheiten deren Segen. Die Mädchen ziehen dafür ihre schönsten Kimonos an. So heißen die kunstvoll bedruckten Seidengewänder, in die sich die japanischen Frauen wickeln. Für die Jungen war Sieben-Fünf-Drei früher der Tag, an dem sie das erste Mal eine Hose anziehen durften. Heute bekommen die Kinder an Shichi-go-san Süßigkeiten geschenkt.

Nun schmatz doch mal!

Warst du schon einmal chinesisch essen? Dann hast du vermutlich bei dem Versuch, die Speisen mit zwei Stäbchen zum Mund zu führen, viel Spaß gehabt. Vielleicht hast du auch aufgegeben und dir dann doch eine Gabel bringen lassen, um nicht hungrig vom Tisch aufzustehen. Es ist gar nicht so einfach, das Essen wie die Chinesen zwischen die Zähne zu transportieren, ohne dass alles herunterfällt.

Uns erscheint diese Methode zu essen kurios. Die Menschen in den Ländern Ostasiens beherrschen sie seit drei bis vier Jahrtausenden. Ihnen war es zu unappetitlich, mit den Fingern zu essen, deshalb benutzten sie Stäbchen. Messer, Gabeln und Löffel gab es noch nicht. Während unsere Vorfahren sich das Essen mit der blanken Faust in den Mund stopften, balancierten die Chinesen ihre Speisen schon manierlich auf zwei Stäbchen. Jetzt weißt du auch, warum in der fernöstlichen Küche Gemüse, Fleisch und Fisch immer klein geschnitten auf den Tisch kommen. So lassen sich die Zutaten gut mit dem Reis vermischen, und alles kann häppchenweise zum Mund transportiert werden. Suppen schlürfen und trinken die Chinesen direkt aus der Schale. Wer dabei schmatzt, macht sich nicht unbeliebt, ganz im Gegenteil: Solche Geräusche sind ein dickes Lob für den Koch.

Die asiatischen Speisen werden nur kurz gegart, damit sie schön knackig bleiben. Die Japaner lieben sogar rohen Fisch. Der wird in Reis und Algenblätter gewickelt und heißt dann Sushi. Bei uns ist Sushi eine teure Spezialität, für die Japaner ist es Fast Food wie Pizza und Pommes – nur nicht so fett und deshalb viel gesünder.

Bitte nicht anfassen!

Zum Schlafen rollt Sonoko eine dünne Stoffmatte, einen Futon, auf dem Holzfußboden in der Wohnung ihrer Eltern aus. Die Familie lebt in Tokio in einem Haus aus Beton, wie es in jeder anderen Stadt der Welt stehen könnte. Innen aber sehen die Wohnungen häufig anders aus: Papierwände, die sich leicht verschieben lassen, teilen die Zimmer. Durch diese dünnen Wände hört man natürlich leicht, was sich im Nebenzimmer tut. Für Japaner ist das kein Problem: Sie lernen von klein auf,

Rücksicht auf ihre Mitmenschen zu nehmen. Es gehört sich einfach, so höflich und leise zu sein, dass man die anderen nicht stört.
Zu den gemeinsamen Mahlzeiten oder der nachmittäglichen Teezeremonie versammelt sich die Familie um einen Tisch, der so niedrig ist, dass kein Stuhl darunter passt. Den braucht es auch nicht. Die Japaner setzen sich direkt auf dem Boden auf ihre Beine. Wer die Wohnung betritt, zieht am Eingang die Schuhe aus und geht barfuß oder auf Strümpfen. Und zur Begrüßung fallen sich die Japaner nicht um den Hals oder nehmen sich in den Arm. Ein Bussi rechts, ein Bussi links - das kommt nicht in Frage. Solch körperliche Nähe mag man hier nicht. Wer einem anderen zu sehr auf den Pelz rückt, zeigt damit mangelnden Respekt. Zum Gruß legt Sonoko die Innenflächen ihrer beiden Hände wie zum Beten aneinander und verbeugt sich leicht vor ihrem Gegenüber.

Lesenlernen auf dem Bahnsteig

Jeden Morgen geht Lakshmi, ihre kleine Schwester und den Bruder an der Hand, zum Bahnhof in ihrer indischen Heimatstadt Mumbai (Bombay). Dort wartet schon die Lehrerin auf sie und die anderen Kinder. Lakshmis Vater verdient sein Geld, indem er die Leute auf einer Fahrrad-Rikscha durch die Stadt transportiert. Ihre Mutter reicht Maurern auf Baustellen die

Ziegel an. Lakshmis Familie ist sehr arm. Deshalb muss auch das Mädchen arbeiten. Nach der Schule bietet sich Lakshmi Reisenden als Kofferträgerin an. Sie hat ihren Eltern versprochen, weiterhin auf ihre kleinen Geschwister aufzupassen und zu arbeiten. Deshalb darf sie in die Bahnhofsschule gehen. So kann sie wenigstens Lesen, Schreiben und Rechnen lernen. Lakshmis Lehrerin unterrichtet auf dem Bahnhof, weil dorthin auch die Straßenkinder kommen. Deren Eltern sind sogar zu arm, um Miete für eine Wohnung zu bezahlen. Obwohl es in Indien Schulpflicht gibt, kann fast jedes zweite Kind nicht zum Unterricht gehen.

Lakshmis Heimat Indien liegt in Südasien. Dieses Land ist nach China das mit der größten Bevölkerungszahl der Welt. Fast die Hälfte der über eine Milliarde Menschen dort ist so arm, dass sehr viele Kinder schon ab dem fünften Lebensjahr arbeiten und Geld verdienen müssen. Zwar gibt es viele Fabriken, in denen zum Beispiel Kleider oder Bauteile für elektronische Geräte hergestellt werden. Das Land zählt sogar zu den zehn wichtigsten Industrienationen der Welt, und seine Computerexperten sind rund um den Erdball gefragt. Die Löhne sind aber wie in vielen Staaten Süd- und Südostasiens häufig zu niedrig, um mit nur einem oder zwei Gehältern eine Familie zu ernähren. Da kommt es dann auf jede einzelne Rupie – so heißt das indische Geld – an.

Arbeiten ja, aber ...

Sridar ist ein „Teppichkind“. Jeden Tag sitzt er zwölf Stunden lang am Webstuhl in einem dunklen, stickigen Raum. Oft tun ihm die Finger weh. Trotzdem darf er keine Pause machen.

Wenigstens bekommt er in der Fabrik etwas zu essen. In letzter Zeit muss er manchmal husten. Es staubt, wenn er das Webschiffchen mit seinen Händen auf die Reise durch die Kettfäden schickt. Dieser Staub kriecht ihm in Nase und Mund. Auf Dauer macht das die Lungen der Teppichkinder kaputt. Obendrein ist die Wolle, die zu Teppichen und Stoffen verarbeitet wird, oft mit Chemikalien gegen Ungeziefer behandelt worden. Dieses Gift ist ungesund.

Jogan dagegen arbeitet an der frischen Luft. Aber auch sein Job ist für ein Kind viel zu schwer und macht krank: Jogan und seine kleinen Kollegen schlagen Brocken aus dem Fels in einem Steinbruch. Sridars Teppiche und Jogans Steine werden ins Ausland verkauft. Weder den Teppichen noch den Steinen sieht jemand an, dass indische Kinder sie hergestellt und bearbeitet haben.

Ohne ihre Arbeit könnten Sridar und Jogan nicht leben. Deshalb macht es keinen Sinn, einfach zu sagen: Kinderarbeit muss verboten werden. Denn das hieße für viele Familien noch mehr Hunger und Not. Hilfsorganisationen kämpfen aber dafür, dass Kinder wenigstens nur solche Arbeiten erledigen müssen, die ihrer Gesundheit nicht schaden, und dass sie für das, was sie tun, ordentlich bezahlt werden. Dieses Ziel gilt für alle Länder der Welt. Erste kleine Schritte dorthin gibt es schon: So haben sich zum Beispiel Stein- und Teppichhändler in Deutschland und anderswo verpflichtet, Ware nur noch von solchen indischen Lieferanten zu kaufen, die beweisen können, dass sie keine Kinder ausbeuten. Das wird vor Ort kontrolliert. Die Teppiche bekommen ein extra Siegel, die Steine, die nicht von Kindern aus dem Fels gebrochen wurden, ein extra Zeugnis, ein Zertifikat. Das macht die Waren zwar teurer, aber dafür tritt der, der sich einen solchen weichen Belag ins Wohnzimmer oder indische Steinplatten auf seine Terrasse legt, nicht mit den Füßen auf der Gesundheit und dem Leben von Kindern herum.

Beiß mich nicht!

Lakshmis Leibspeise ist Kichererbsenbrei mit Fladenbrot. Manchmal kocht ihre Mutter auch Gemüse in Kokosmilch, das dann mit einer scharfen Currymischung gewürzt wird. Nie im Leben würde es Lakshmi einfallen, Fleisch zu essen. Wie ihre Familie sind viele Inder Vegetarier, das heißt, sie essen nur Gemüse, Getreide und Obst. Wer am Meer lebt, isst ab und zu Fisch.

Dass viele Inder kein Fleisch zu sich nehmen, hat etwas mit ihrer Religion zu tun, dem Hinduismus. Die meisten Menschen dort gehören ihm an. Die gläubigen Hindus gehen davon aus, dass jeder Mensch nach dem Tod zurück auf die Erde kommt. Er wird mehrmals wiedergeboren. Die Seele eines Verstorbenen muss so lange in immer neuer Gestalt zurückkehren, bis sie völlig rein von Sünden ist.

Als was ein Mensch wiedergeboren wird, weiß keiner. Das hängt davon ab, wie gut er den Auftrag seines letzten Lebens erfüllt hat. Das ist für jede Seele etwas anderes. Je nachdem wird sie dann erneut in Menschengestalt oder aber als Katze, Hund, Maus, Huhn oder Schwein wiedergeboren. Deshalb sind die Hindus Vegetarier: Wer Fleisch isst, nimmt schließlich in Kauf, dass dafür ein Tier getötet werden muss. In diesem Tier kann aber die Seele eines Verstorbenen stecken. Deshalb darf ein Hindu keine Tiere töten und schon gar nicht deren Fleisch verzehren. Seine Religion besagt, dass die ganze Natur beseelt ist. Im Hinduismus gibt es unzählige Götter, die in der Gestalt von Bergen, Pflanzen, Tieren, Flüssen oder Seen unter den Menschen weilen. Das heiligste Tier ist die Kuh. In ihr tummelt sich eine ganze Schar von Göttern. Kühe haben deshalb auf den Straßen immer Vorfahrt. Sogar die Autos müssen warten. Denn keiner darf einem Rind etwas zu Leide tun.

Willkommen im Zelt

Jeden Sonntagmorgen reitet Mascha mit ihrem Hengst Schorgà zum Picknickplatz am Rand eines Dorfes in Kasachstan. Dorthin kommen an den Wochenenden die Leute aus der Stadt. Mascha bietet ihnen dann Schorgà für einen kleinen Ausritt an. Dafür bekommt sie dreihundert Tenge, das sind rund zwei Euro. Abends kehrt sie nach Hause zurück. Maschas Familie wohnt in einer Jurte. Das ist ein großes Zelt aus Filz, in dem es warm und gemütlich ist. Es gibt darin Schränke und Betten wie in einem richtigen Haus. Mehrere dieser Zelte stehen beieinander. Manchmal sind auch Fremde zu Gast: Seit einigen Jahren kommen Touristen aus dem Ausland in Maschas zentralasiatische Heimat, um dort Urlaub zu machen. Sie finden es spannend, in den Ferien in Zelten zu leben wie die Nomaden. Maschas Brüder bringen diesen Feriengästen manchmal das Reiten bei.

Viele Kinder in Ländern Zentralasiens wie Kasachstan, Kirgisistan, Usbekistan oder der Mongolei wachsen fast auf den Rücken ihrer Pferde auf. Sie lernen schon früh das Reiten. Die Jungen helfen hoch zu Ross ihren Vätern beim Zusammentreiben der Schaf-, Rinder- oder Kamelherden. In Zentralasien gibt es endlos weite Steppen, in denen die Menschen früher als Nomaden lebten. Nomaden sind Hirten, die mit ihren Tieren immer dorthin ziehen, wo diese genügend Futter finden. Da waren die Jurten die passenden Unterkünfte, weil man sie leicht auf- und abbauen kann.

Heute sind die meisten Nomaden sesshaft, so wie Maschas Familie. Viele sind in die Städte gezogen. Wer auf dem Land geblieben ist, lebt häufig noch heute in solchen Jurten. Maschas Nachbarn tun das nur noch im Sommer. Im Winter gehen sie lieber in die Stadt. Das tut auch Mascha jede Woche für drei Tage, um eine Schule besuchen zu können. Sie lebt dann in einem Internat. Den Rest der Woche verbringt sie zu Hause, auch damit sie sich um ihren Hengst Schorgà kümmern kann.

Ein Schafsohr für Nauryz

Maschas jüngster Bruder heißt Nauryz. Nauryz ist zugleich der Tag im Jahr, den Mascha am allerliebsten mag: Übersetzt bedeutet der Name „Neues Jahr“. Dieser Tag wird in den Ländern Zentralasiens am 21. März, dem Frühlingsanfang, mit einem großen Fest gefeiert. Der 21. März ist der Geburtstag von Maschas Bruder. Nach einer alten Tradition werden Jungen, die genau zu Frühlingsanfang geboren werden, auch „Nauryz" genannt. Am 21. März wünschen sich die Kasachen wie wir am 1. Januar „Nauryz kytti bolsyn!" – „Alles Gute zum Neuen Jahr!" Als Maschas Bruder noch kleiner war, hat er gedacht, die guten Wünsche gelten ihm alleine, und hat sich deshalb gefreut, wenn jemand „Nauryz kytti bolsyn" sagte. Darüber hat dann die ganze Familie immer herzlich gelacht.

Wie überall gehört zu einem besonderen Tag besonderes Essen. Auch deshalb mag Mascha das Fest Nauryz so gern. Schon Tage vorher haben die Frauen Süßigkeiten gebacken und Eier gefärbt. Das traditionelle Nauryz-Essen besteht aus sieben Zutaten: geräuchertem Pferdefleisch, Kefir, Wasser, Salz, Hirse, Gemüse und Reis. In Afghanistan, wo das Fest Nauroz heißt, müssen es sieben Obst- und Gemüsesorten sein oder ein süßer Trank, der aus getrockneten Hülsenfrüchten, Rosinen, Aprikosen und ganz viel Zucker hergestellt wird. In Kasachstan wird ein gebratener Schafskopf aufgeschnitten und verteilt. Wehe, wenn ein Kind eins der beiden Ohren überreicht bekommt: Damit wollen die Erwachsenen ihm sagen, dass es künftig besser zuhoren und aufpassen soll. Maschas kleiner Bruder zittert jedes Mal vor Aufregung und hofft, dass ein anderes Kind das Nauryz-Ohr abbekommt.

Drachenkönig beim Nauroz-Fest

Taj springt vor Freude in die Luft: Er hat gewonnen! Beim Godi-Paran Jangi, dem Drachenwettkampf des Nauroz-Festes in seinem afghanischen Heimatdorf Novobod, hat seine Drachenschnur als einzige den Angriffen der anderen standgehalten. Die Männer klopfen ihm anerkennend auf die Schulter: Gut gemacht, Taj!

In vielen afghanischen Dörfern ist der Drachenwettkampf der Höhepunkt des Neujahrsfestes am 21. März. Wochenlang haben die Jungen und Männer dafür an ihren Papier-Drachen gebastelt. Die Schnüre, mit denen die bunten Kunstwerke dann in der Luft gesteuert werden, haben sie mit Klebstoff und zerriebenen Scherben überzogen. Ist der Drachen hoch oben und der Wind stark genug, wird seine Schnur mit der eines gegnerischen Drachen überkreuzt. Dann lassen die Jungen am Boden die Leinen nach, die Schnüre reiben sich aneinander – bis eine davon reißt und der dazugehörige Drachen zu Boden stürzt. Wer es schafft, sein Fluggerät unbeschadet am Himmel zu halten, hat gewonnen, so wie diesmal Taj.

Pferd und Esel gewinnt

Freshda mag den Winter gern. Weil dann die ganze Familie wegen der bitteren Kälte in ihrem Dorf am afghanischen Hindukusch-Gebirge gemütlich um den Sandali sitzt und spielt. Der Sandali ist ein niedriger Tisch mit einer Decke, die bis auf den Boden hängt. Unter dem Sandali steht eine Pfanne mit Glut. Eltern und Geschwister, Oma und Opa sitzen auf Matratzen rings um den Tisch und haben ihre Füße in die mollig

warme Höhle darunter gesteckt. Sie singen oder spielen, zum Beispiel Pandjaq oder Bojol Bazi. Beim Pandjaq hat jeder fünf Steinchen, von denen er eines in die Luft schmeißt und gleichzeitig ein anderes mit den Fingern durch ein Tor auf dem Tisch kicken muss, bevor das erste wieder nach unten gefallen ist. Wer das mit den meisten Steinchen schafft, hat gewonnen. Bei Bojol Bazi wird mit Kamel- oder Schafknöchelchen gewürfelt. Diese „Würfel" können nur auf vier Seiten stehen - die anderen beiden sind die spitzen Enden der Knochen. Die vier Seiten haben Namen: Es sind Pferd, Esel, Tschak und Pok. Jeder Spieler hat zwei dieser Würfel. Wer Tschak und Esel oder Tschak und Pferd wirft, hat leider verloren. Zwei Pferde, Pferd und Esel oder Esel und Pok dagegen reichen zum Sieg.

Warum Freshda manchmal weint

Vor zwei Jahren noch hat Freshda im Winter jeden Tag gespielt. Der Schulunterricht fiel in den eisigen Monaten des Jahres aus – weil es für die Kinder zu kalt war, bei Minusgraden auf dem nackten Betonboden zu sitzen. Denn Tische und Bänke gibt es in ihrer Schule nicht. Das „Klassenzimmer" hatte auch keine Wände und nur eine Plane als Dach. In Freshdas Heimat Afghanistan war 23 Jahre lang Krieg. Dabei wurden über 7500 Schulen zerstört. Noch längst sind nicht alle wieder aufgebaut. Afghanistan gehört zu den ärmsten Ländern der Erde. In Freshdas Dorf wurde schließlich ein neues Schulhaus errichtet. Für Tische und Bänke hat das Geld zwar nicht gereicht, dafür wurden aber auf den Fußboden Teppiche gelegt. So sitzt es sich wenigstens warm und weich.

Freshda ist glücklich, dass sie überhaupt in die Schule gehen kann: In den letzten sechs Jahren des Bürgerkriegs in ihrem Land bis zum Jahr 2002 durften Mädchen das gar nicht tun. Frauen war es streng untersagt, zu arbeiten oder allein das Haus zu verlassen. Noch nicht einmal in ein Krankenhaus durften sie gehen. Das alles hatten die herrschenden Taliban verboten, eine radikal-islamische Partei, die das ganze Land in Angst und Schrecken versetzte. Frauen und Mädchen mussten sich von Kopf bis Fuß mit einem langen Gewand, einer Burka, verschleiern. Nur im Gesicht blieb ein Schlitz für die Augen frei. Die Taliban haben behauptet, das schreibe der Koran, das heilige Buch mit den Glaubenslehren der Muslime, so vor. Mit solchen und anderen Lügen haben sie die Menschen terrorisiert und das ganze afghanische Volk unterdrückt. Viele Menschen wurden von ihnen umgebracht, weil sie anderer Meinung als die Taliban waren. Manchmal muss Freshda weinen, wenn ihre Mutter von dieser Zeit erzählt.

Wovon Fatima träumt

Wenn Fatima einmal groß ist, würde sie am liebsten Forscherin werden. Doch ob das klappt, weiß sie nicht. Zwar kann sie zur Schule gehen und auch studieren, denn ihre Heimat Saudi-Arabien ist eines der reichsten Länder der Welt. Aber Frauen dürfen, wenn überhaupt, nur in wenigen Berufen arbeiten.

Und dabei muss sichergestellt sein, dass sie kein Mann zu Gesicht bekommt. Auch in den Schulen und den Universitäten sind Jungen und Mädchen streng getrennt. Sogar in den öffentlichen Bussen müssen Frauen woanders als die Männer sitzen, nämlich ganz hinten. Saudische Frauen dürfen nicht selbst Auto fahren und nur tief verschleiert nach draußen gehen. Dem König des Landes, der den Titel „Hüter der Heiligen Stätten und König von Saudi-Arabien" trägt, ist es am liebsten, wenn sich Frauen überhaupt nicht in der Öffentlichkeit zeigen.

Ein Land ohne Kinos

Viele Länder in Vorderasien sind islamische Staaten. Doch in keinem haben Mädchen und Frauen so wenig Rechte wie in Saudi-Arabien. Dort wurde vor 1 500 Jahren der Gründer der islamischen Religion, der Prophet Muhammad geboren. Mekka und Medina, die Orte, in denen er lebte, sind die Heiligen Stätten der Muslime. Deshalb pilgern dort jedes Jahr Millionen Anhänger dieses Glaubens aus aller Welt hin. Ihre Religion schreibt ihnen vor, dass jeder Muslim einmal im Leben in Mekka gewesen sein muss.

In Fatimas Heimat ist der Islam Staatsreligion. Der König des Landes hat befohlen, dass die Gesetze, die Muhammad vor eineinhalb Jahrtausenden aufschreiben ließ, noch heute Wort für Wort und Buchstabe für Buchstabe beachtet werden müssen.

Selbst welche Bilder gezeigt werden dürfen und welche nicht, wird vom Staat kontrolliert. Kinos und Theater sind verboten. Saudi-Arabiens König lässt nicht gelten, dass sich die Welt und die Menschen seit Muhammads Zeiten verändert und weiterentwickelt haben. Menschenrechte wie Freiheit und Gleichheit gab es damals noch nicht, heute sind sie fast überall auf der Welt eine Selbstverständlichkeit. Nicht so in Saudi-Arabien. Nirgendwo sonst wird Mädchen und Frauen so vieles verboten. Noch nicht einmal ihren Mann wird sich Fatima eines Tages selbst aussuchen dürfen: Das erledigen ihr Vater und die Brüder für sie. Ob sie den so Auserwählten dann mag oder nicht, spielt keine Rolle: Sie muss ihm trotzdem gehorchen.

Im **Supermarkt** beten

Bevor Ablas große Schwester Laila morgens zur Arbeit ins Büro fährt, schminkt sie sich wie viele Frauen auf der Welt. Abla geht noch zur Schule. Sie zieht am liebsten Jeans an und setzt sich eine Baseball-Mütze auf den Kopf. Auch ihre Mutter kleidet sich ganz modern. Der Vater dagegen geht nicht ohne seine Hatta auf dem Haupt aus dem Haus und trägt ein bodenlanges, vorne geknöpftes Hemd. Die Hatta ist das traditionelle Kopftuch der Männer in vielen arabischen Staaten. Es hängt bis über die Schultern und wird am Kopf von einem Band gehalten. Auf Kuwaits Straßen, in der Hauptstadt des gleichnamigen Nachbarlandes von Saudi-Arabien, sind Frauen in Burkas

ebenso zu sehen wie Frauen in Jeans, Minirock oder modischem Kostüm. Jede zieht an, was ihr am besten gefällt.
In den großen Supermärkten gibt es zwei besondere Zimmer: einen Gebetsraum für Frauen und einen für Männer. Auch in Kuwait sind die Menschen islamischen Glaubens. Alle Muslime müssen fünfmal am Tag zu fest vorgeschriebenen Zeiten beten. Da ist es praktisch, dass sie dies auch tun können, wenn sie zu der Zeit gerade beim Einkaufen sind: Dafür sind die Gebetsräume in den Supermärkten da. Dort treffen sich die Menschen dann und verneigen sich wie vorgeschrieben in Richtung der Heiligen Stätte Mekka vor Allah, ihrem Gott. Auch Ablas Familie hält die Gebets- und andere Glaubensregeln ein. Sie isst kein Schweinefleisch, und die Eltern trinken keinen Alkohol. Denn beides ist Muslimen verboten.

Finger weg vom Computer!

David spielt wie viele Kinder leidenschaftlich gern am Computer. An einem Tag der Woche aber darf er das auf keinen Fall tun: Am Samstag ist Computerspielen streng verboten! Nicht etwa, weil seine Eltern meinen, wenigstens an einem Tag der Woche muss es für David mal ohne die Flimmerkiste gehen. Das ist nicht der Grund. David lebt in der israelischen Hauptstadt Jerusalem. Und er ist wie die meisten Menschen in seinem Land Jude. Den Angehörigen dieser Religion ist der Samstag, der Sabbat, heilig: An diesem Tag darf keiner arbeiten und auch kein Gerät benutzen, für das man den Strom einschalten muss. Deshalb bereitet Davids Mutter das Essen für den Sabbat immer schon am Freitag vor, weil sie den Herd samstags nicht benutzen darf. Und der Computer bleibt aus.

Drei von vier Menschen in Israel, einem vorderasiatischen Land am östlichen Mittelmeer, sind Juden. Nicht alle halten sich streng an die Vorschriften ihrer Religion. Doch der Sabbat ist den meisten heilig. Nach jüdischem Glauben hat ihr Gott Jahwe in sechs Tagen die Welt erschaffen und den siebten Tag der Woche, unseren Samstag, zum Ausruhen bestimmt. Am Sabbat geht die ganze Familie in eine Synagoge, so heißen die jüdischen Gotteshäuser. Dort werden übers Jahr verteilt alle 613 Gebote der Thora, des Heiligen Buches der Juden, vorgelesen. Dazu gehören auch Vorschriften über das Essen: Bestimmte Speisen, wie zum Beispiel Schweinefleisch, sind nicht erlaubt. Das Essen muss „koscher" sein, das heißt rein: Fleisch- und Milchspeisen müssen deshalb immer getrennt zubereitet werden. Ganz strenge Juden haben sogar eigenes Geschirr, damit Milch und Fleisch nicht miteinander in Berührung kommen. David mag besonders gern Hühnchen in Orangensauce oder Felafel, das sind kleine Bällchen aus lecker gewürztem Kichererbsenbrei.

Schalom, Salaam, Frieden – der schönste Gruß der Welt

In Davids Stadt Jerusalem leben außer Juden auch viele Muslime und Christen. Für die Angehörigen dieser drei Religionen ist es eine heilige Stadt: Hier steht die Klagemauer der Juden, das Einzige, was von ihrem uralten Tempel seit dessen Zerstörung vor über 2 000 Jahren übrig geblieben ist. An dieser Mauer beten die Juden. Hier ist auch das Grab von Jesus, nach dem Glauben der Christen der Sohn Gottes. Und hier steht der Felsendom der Muslime. Von hier soll ihr Prophet Muhammad nach seinem Tod auf einem weißen Pferd in den Himmel geritten sein.

In Davids Land Israel leben Menschen aus der ganzen Welt. Auch seine Eltern kommen ursprünglich aus den USA. Viele Menschen jüdischen Glaubens, die über den Erdball verstreut geboren sind, sind erst hierher gezogen, nachdem das frühere Palästina zum Land des jüdischen Volkes erklärt wurde. Israel ist aber auch die Heimat der Palästinenser, eines arabischen Volkes. Juden und Araber streiten darum, wem dieses Landes wirklich gehört. Seit Jahrzehnten gibt es deshalb in Israel Krieg und Gewalt. David selbst hat einen arabischen Freund. Wenn sie sich begrüßen, sagt der eine auf Hebräisch „Schalom“, der andere auf Arabisch „Salaam“. Beides heißt dasselbe und ist zugleich der Wunsch, der die Menschen auf der ganzen Welt eint: „Frieden“.

Von Alaska hoch im Norden nahe der Arktis bis nach Feuerland knapp vor dem Südpol: Über 15 500 Kilometer weit zieht sich der zweitgrößte Kontinent Amerika über den Bauch unserer Erde. Er wird auch Doppelkontinent genannt, weil zwei große Teile in Nord und Süd, nur durch ein schmales Stück Land verbunden, aneinander hängen. Die 35 Staaten dieses Erdteils mit seinen 850 Millionen Menschen werden deshalb in Nord-, Mittel- und Südamerika aufgeteilt. Kanada, die Vereinigten Staaten von Amerika (dafür steht das Kürzel USA: United States of America) und Mexiko gehören zu Nordamerika. Zu Mittelamerika, der Landbrücke mit ihren Inseln zwischen Nord und Süd, zählen Antigua und Barbuda, die Bahamas, Barbados, Belize, Costa Rica, Dominica, die Dominikanische Republik, El Salvador, Grenada, Guatemala, Haiti, Honduras, Jamaika, Kuba, Nicaragua, Panama, St. Kitts und Nevis, St. Lucia, St. Vincent mit den Grenadinen sowie Trinidad und Tobago. Die Staaten Südamerikas sind Argentinien, Bolivien, Brasilien, Chile, Ecuador, Guyana, Kolumbien, Paraguay, Peru, Suriname, Uruguay und Venezuela. Auch Französisch-Guyana liegt in Südamerika, gehört aber zu Frankreich und ist kein eigener Staat.

So leben die Kinder Amerikas

So leben die Kinder Amerikas

Alles so wild hier!

John aus New York schüttelt es: Das soll er wirklich essen? Er war wie versessen darauf, dieses Jahr seine Ferien in einem „Überlebenslager" in der freien Natur zu verbringen. Die Eltern haben ihm erlaubt, hierher, in das Sommercamp im nordamerikanischen Cleveland, zu fahren. Aber dass er jetzt sogar Würmer essen soll, das schmeckt ihm gar nicht. Tja, John, da musst du wohl durch! Schließlich war das Abenteuer Wildnis dein eigener Wunsch.

Aufregend und gemütlich ist es, abends am Lagerfeuer zu sitzen. Und spannend, nachts im Zelt zu lauschen, welche Tiergeräusche von draußen ans Ohr dringen. John muss dabei keine Angst haben, ihm kann ja nichts passieren. Wenn er und die anderen Jungen und Mädchen sich tagsüber mit Macheten einen Weg durchs Gebüsch schlagen, fühlt er sich fast wie ein Urwaldmensch. Dazu gehört allerdings auch, zu essen, was es im „Urwald" an Essbarem gibt. Brrr!

Sehnsüchtig denkt John ans vergangene Jahr zurück. Da hat er die Ferien auf einem Segelboot in der Karibik verbracht. Dort gab es Hot Dogs und gegrillten Fisch. Nächstes Mal wird er sich für ein Camp der Nasa bewerben, einem der Ferienlager, die die Nationale Raumfahrtbehörde der USA anbietet. Dort dreht sich alles um das Leben der Astronauten. Deren Fertignahrung wird hoffentlich besser schmecken als dieser Urwald-Fraß ...

Abenteuer Ferien

Die Kinder in dem nordamerikanischen Land USA, den Vereinigten Staaten von Amerika, haben zwölf Wochen Ferien. Egal, ob sie in einem der fünfzig Bundesstaaten oder in der Hauptstadt Washington im District of Columbia leben. Ihre Eltern haben allerdings höchstens zwei Wochen Urlaub im Jahr. Deshalb verbringen die Schülerinnen und Schüler einen Teil ihrer Freizeit in Feriencamps. Tolle Angebote gibt es da: sich fühlen wie ein Pirat beim Segeln im türkisblauen Meer der Karibik. Cowboy spielen bei Reiterferien auf einer texanischen Ranch. Abheben in der Schwerelosigkeit beim Astronauten-Training in einem Camp der Weltraumagentur Nasa in Florida. Oder bei einem Tennis-Kurs im kalifornischen Palo Alto davon träumen, irgendwann so berühmt zu werden wie Andre Agassi. Der Aufenthalt in einigen dieser Camps kostet richtig viel Geld. Das kann sich natürlich nicht jede Familie leisten. Aber alle Kinder können etwas unternehmen: Einige der exklusiveren Ferienlager halten Gratis-Plätze frei – für Kinder aus Familien, die diesen Spaß nie würden bezahlen können. In den Städten gibt es Ferientagesstätten für Schülerinnen und Schüler, die nicht verreisen dürfen oder wollen, damit auch sie von morgens bis abends betreut und beschäftigt sind. Möglichst kein Kind soll sich während der langen schulfreien Wochen alleine herumtreiben.

John hat es gut: Er darf sich jedes Jahr aussuchen, wohin er will. So ist er diesmal eben in der Wildnis gelandet, was die Ferien für ihn zum Abenteuer macht.

Abenteuer Leben

Shila schreckt auf: Was war das? Da draußen hat es verdächtig geknackt! Ist da wer auf die Äste am Eingang getreten? Ihr Vater hat dort wie jeden Abend Reisig aufgeschichtet. So kann er rechtzeitig hören, falls ein ungebetener Gast versuchen sollte, der Familie einen nächtlichen Besuch abzustatten. Shilas Zuhause ist ein Shabono. Das ist eine aus Holz und Palmenblättern gebaute Gemeinschaftsunterkunft. Das ganze Gebäude ist kreisrund und hat in der Mitte einen offenen Innenhof. Solche Shabonos stehen im Urwald des brasilianischen Amazonas-Gebietes, dort wo das Volk der Yanomami lebt. Ganze Clans wohnen darin. Aber jede Familie hat im gemeinsamen Shabono ihren eigenen Raum. Leise steht Shilas Vater auf und greift sich einen Jagdpfeil. Will sich da vielleicht ein wildes Tier Zugang verschaffen? Eine Raubkatze gar? Gestern hat Shilas Onkel erzählt, er habe unweit des Dorfes Jaguar-Spuren gesehen ... Shila hält den Atem an. Angestrengt lauscht sie in die Dunkelheit. Jetzt hört sie nur Stille. Gott sei Dank! Es droht wohl doch keine Gefahr. Auch der Vater atmet auf und schwingt sich zurück in seine Hängematte. Beruhigt schaukelt sich Shila wieder in den Schlaf.

So fern, so fremd

Rund 8 000 Kilometer liegen zwischen John und Shila. Für ihn ist das Abenteuer Wildnis ein spannendes Ferienvergnügen, für Shila das Leben im Urwald das einzige, was sie kennt. Noch nie hat sie etwas anderes von der Welt gesehen. John muss in seinem Naturcamp keine Angst vor einem Jaguar haben. Raubkatzen kennt er nur aus dem Zoo. Für Shila ist der Angriff eines wilden Tieres eine echte Gefahr. Schon jedes Yanomami-Kind lernt, sich tagtäglich davor in Acht zu nehmen. Beide sind Amerikaner. John sogar in doppelter Hinsicht: Nicht nur der Kontinent, auf dem er lebt, heißt Amerika. Auch sein Heimatland, die USA, trägt diesen Namen. Das Land Amerika liegt auf dem nördlichen Teil des Kontinents, in Nordamerika. Vor rund 250 Jahren sind Johns Vorfahren von Europa gekommen und hier geblieben. Die meisten Nordamerikaner haben europäische Einwanderer als Vorfahren. Die Ahnen der Südamerikanerin Shila dagegen lebten schon vor rund 20 000 Jahren auf dem südlichen Teil des Kontinents. Wie Shila sind sie im Urwald des heutigen Brasilien aufgewachsen.

Shilas Heimat ist das Amazonas-Becken. Der Amazonas ist nach dem afrikanischen Nil der zweitlängste Fluss der Erde. Die Yanomami sind eines der letzten Naturvölker, die es noch auf unserer Erde gibt. Naturvölker leben wie ihre Ahnen vor tausenden von Jahren. Shilas Leute tragen außer einem Lendenschurz keine Kleider am Leib. Fortschritt, Technik, alles, was zum modernen Leben gehört, war und ist ihnen fremd. Ihr Volk zählt allerdings nur noch rund 20 000 Menschen. Naturvölker sind überall auf der Erde bedroht, weil ihnen die „moderne" Welt immer näher kommt. Abenteuer-Camp in der Wildnis? Shila würde staunen, wenn sie wüsste, dass es Menschen gibt, die dafür extra Geld bezahlen. Das Abenteuer Wildnis erlebt sie jeden Tag.

Wohin geht Shila?

Zwischen Johns und Shilas Leben liegen Welten. Aber Johns Welt rückt Stück für Stück näher an die von Shila heran. Naturvölker wie die Yanomami konnten ihre Lebensweise lange bewahren, weil der Rest der Welt häufig noch nicht einmal wusste, dass es sie gab. Heute ist kaum mehr ein Fleckchen auf der Erde unentdeckt. Wohin aber die Menschen aus den so genannten zivilisierten, also durch Wissen, Forschung und Technik geprägten Gesellschaften kommen, dorthin bringen sie ein Stück ihrer Art zu leben mit. So werden andernorts lang bewährte Lebensgewohnheiten verdrängt.

In Shilas Welt brauchen die Menschen die Natur mehr noch als anderswo. Sie haben ihr Leben den Bedingungen der Wildnis im Regenwald angepasst. Dann kamen die ersten Fremden. Sie entdeckten, dass das Holz der Urwaldbäume etwas Besonderes ist, und wollten es haben – zum Beispiel, um robuste Möbel zu bauen. Das Blätterdach des Regenwaldes hat bereits gewaltige Löcher bekommen. Auch Bodenschätze wie Gold wurden entdeckt. So geraten der größte Dschungel der Welt und die Heimat von Shilas Volk in Gefahr. Mit der Natur geht die Lebensgrundlage ihrer Bewohner verloren.

Ein Stück der anderen Welt hat Shila schon entdeckt. Zwei Stunden Fußweg von ihrem Shabono entfernt gibt es seit einigen Jahren eine Schule. Christliche Missionare bieten den Kindern des Urwalds Unterricht an. Manchmal marschiert Shila dorthin. Sie kann jetzt neben ihrer Indio-Sprache schon ein bisschen Portugiesisch. Das ist die brasilianische Landessprache. Sie will auch Lesen, Schreiben und Rechnen lernen. Mit dem Weg zur Schule hat Shila den ersten Schritt aus der Welt der Yanomami getan und etwas über das Leben draußen gelernt. Im Urwald braucht sie dieses Wissen nicht. Aber es gibt ihr die Chance, sich eines Tages, wenn sie das will, im Leben fernab des Amazonas zurechtzufinden. Auch wenn ihr Volk, wenn sie geht, wieder ein bisschen kleiner wird.

Computer-Champion und Schuhputz-Sieger

Wenn Levi das Holzhaus seiner Eltern verlässt, packt er sich dick ein. Er schlüpft in seine Moonboots und in den gefütterten Anorak und zieht sich die Fellkapuze über die Ohren. Levi ist ein Inuit, ein kanadischer Eskimo auf der Baffin-Insel am Nordpolarmeer. Dort und in Alaska müssen sich die Menschen vor der eisigen Kälte gut schützen.

Wenn die Menschen in Brasiliens Großstadt Rio de Janeiro ihren weltberühmten Karneval feiern, tanzt Marcia leicht bekleidet mit wippenden Federn am Po ihres bunten Kostüms durch die Straßen. Sie gehört einer Kinder-Samba-Schule an. Während des Karnevals tanzt ganz Rio Samba. Sonne und Hitze heizen das Temperament und die Ausgelassenheit der Südamerikaner dann besonders an.

Wenn Robert mit seinem Vater an einem der Flüsse in den kanadischen Rocky Mountains angeln geht, weiß er, dass er viel Geduld mitbringen muss. Und ruhig muss er sein. Sonst beißen die Fische nicht an. Das fällt ihm nicht schwer, denn Robert mag die Stille in den endlosen Wäldern seiner gebirgigen Heimat. Schon deshalb, weil er dann besser hören kann, wenn ein Grizzly-Bär herangetappt kommt.

John aus New York wächst in den Häuserschluchten dieser mit acht Millionen Einwohnern größten Stadt der USA auf. Grüne Wälder und blaue Flüsse kennt er nur aus den Ferien. Dafür ist er ein Champion, wenn es um die neuesten Computerspiele geht, und beim Baseball in seiner Schulmannschaft. Zeit zum Trainieren hat er genug, verbringt er doch fast den ganzen Tag in der Schule. Er weiß aber auch, wo es in seinem Viertel die beste Take-away-Pizza (also „Mitnehm-Pizza"), die dicksten Hamburger und die coolste Ice-Cream gibt.

Oscar aus Paraguay spricht sich jede Woche mit seinen Altersgenossen ab, wer vormittags und wer am Nachmittag wo in den Straßen seiner Heimatstadt Asunción Schuhputzen geht. So hat jeder von ihnen die Chance, in der anderen Hälfte des Tages die Schule zu besuchen. Er und seine Freunde dürfen das nur, wenn sie auch die nötigen Céntimos für die Familie hinzuverdienen. Manchmal veranstalten sie sogar einen kleinen Wettbewerb, wer es am schnellsten auf einen ganzen Guaraní bringt. Um einen Euro zusammenzubekommen, müsste Oscar 7 319 Guaraní einnehmen. Das kann er nicht schaffen.

Indios und Indianer

Der Kontinent Amerika erstreckt sich unendlich weit von Nord nach Süd über den ganzen Globus und durch mehrere Klimazonen. Seine Länder und das Leben dort sind so vielfältig wie die Natur. Die bestimmt überall auf der Welt, wie wir leben.

In Süd- und Mittelamerika hängt für die Menschen viel davon ab, ob sie ein Stück eigenes Land besitzen. Und wenn das nicht der Fall ist, ob ihnen jemand Arbeit gibt und dafür auch ordentlich bezahlt. Hier gibt es viel Landwirtschaft und nicht so viel Industrie wie im Norden. Die Staaten im Süden wurden wie die Länder Afrikas von Europäern erobert und jahrhundertelang von europäischen Kolonialherren regiert. Die haben das Land unter sich aufgeteilt. Wer wo das Sagen hatte, kann man noch hören: In Mittel- und Südamerika wird vor allem Spanisch gesprochen, in Brasilien Portugiesisch, in Suriname Niederländisch und in Guyana Englisch. Auf den Inseln der Karibik kann man auch Französisch und Englisch hören. Weil Spanisch und Portugiesisch vom Lateinischen abstammen, wird Südamerika auch Lateinamerika genannt.

Die Abkömmlinge der Ureinwohner heißen Indios. Das ist das spanische Wort für Indianer. Diesen Namen hat Christoph Kolumbus den Eingeborenen Amerikas verpasst: Als er 1492 als erster Europäer auf diesem Erdteil ankam, glaubte er irrtümlich, in Indien gelandet zu sein.

Die Indianerstämme Nordamerikas, von denen du vielleicht einige aus Filmen oder Winnetou-Geschichten kennst, wurden fast ausgerottet. Ihre wenigen Nachfahren leben heute meistens in Reservaten – in abgegrenzten Gebieten, die den Indianern gehören.

Die meisten der südamerikanischen Indios sind bettelarm. Wie in Afrika kann auch hier längst nicht jedes Kind in die Schule gehen. Viele müssen wie Oscar und seine Freunde Geld verdienen.

Die US-Amerikaner sprechen Englisch, weil die ersten europäischen Siedler aus England und Irland gekommen sind. In Kanada verständigen sich die Menschen in Englisch oder Französisch. Aber viele der alten Völker, Indios und Inuit, haben ihre ursprünglichen Sprachen bewahrt.

Schmelztiegel USA

Die USA sind mit einer Fläche von neun Millionen Quadratkilometern nach Kanada und Russland das drittgrößte Land der Erde. Obwohl es so viel Platz gibt, leben drei von vier Menschen in Städten. Die wurden in wenigen Jahren aus dem Boden gestampft. Schließlich brauchten und brauchen die vielen Zuwanderer aus allen Teilen der Welt ein Dach über dem Kopf. Noch heute sind die USA das Ziel vieler Auswanderer. Sie alle hoffen, im reichsten Land der Erde ihr Glück zu machen. Nicht jedem gelingt das – es gibt auch bittere Armut, vor allem unter den Schwarzen und den Ankömmlingen aus Südamerika. Jedes zweite afroamerikanische Kind in den USA ist arm (afroamerikanisch heißt, dass ein Mensch seine Wurzeln in Afrika hat).

In den USA treffen alle Kulturen der Welt aufeinander. Besonders deutlich sieht man das in New York: Hier leben Nord- und Südamerikaner, Europäer, Asiaten, Australier und Afrikaner. Jeder hat seine ursprüngliche Lebensart mit- und ein Stück davon in den „american way of life“ eingebracht – so ist die „amerikanische Lebensweise“ entstanden. Insbesondere New York wird deshalb mit einem „melting pot“, einem Schmelztiegel, verglichen, weil dort Kulturen aus der ganzen Welt miteinander verschmolzen sind.

Eine Reise um die Erde

„Lasst uns eine Weltreise machen!“, scherzt Johns Vater manchmal. Dann verlässt die Familie ihre Fünf-Zimmer-Wohnung im Zentrum New Yorks und begibt sich auf eine Stadtrundfahrt. In einer Straße des Stadtteils Brooklyn fühlt sie sich wie auf einem arabischen Basar: Dort bieten Händler aus dem Nahen Osten ihre Waren an. In Brighton Beach kommen sie sich wie in der ukrainischen Stadt Odessa am Schwarzen Meer vor: Weil sich hier so viele Russen angesiedelt haben, wird Brighton Beach sogar „Little Odessa“, kleines Odessa, genannt. In Manhattan stößt die Stadt fast an den Himmel – was die Hochhäuser dort zu Wolkenkratzern macht. Durch „Little Italy“ – Klein-Italien – zieht würziger Knoblauchduft. Dort gibt es die köstlichsten Antipasti, Olivenöl, Parmaschinken und Dolci, die berühmten italienischen Süßigkeiten. Gerade so, als wäre die Familie in Neapel oder Rom gelandet. Von dort und aus anderen Teilen Italiens stammen dessen Bewohner. Hinter den Schaufensterscheiben der Läden in Chinatown baumeln Pekingenten von den Decken. Und die Telefonhäuschen haben Dächer wie chinesische Tempel-Pagoden. Weil hier weit über 100 000 Menschen chinesischer Herkunft leben, ist dieses Viertel die „Chinastadt“. In Harlem haben sich viele Südamerikaner angesiedelt. Nur um die Bronx macht die Familie einen großen Bogen: Hier leben die Ärmsten der Armen. Ganze Familien müssen sich oft ein einziges Zimmer teilen. Viele Menschen

leben auf der Straße und haben überhaupt kein Dach überm Kopf. Auch in New York gibt es also Slums – obwohl die glitzernde Stadt ein Symbol für den Reichtum des Landes ist. Wie überall in den Elendsvierteln auf der Welt ist die Gewalt nie weit. Besonders wenn der Wohlstand wie in New York zum Greifen nah ist – und doch für viele so unerreichbar weit entfernt.

Laufenlernen, Baseballspielen und Fernsehschauen

Ob in New York mit seiner bunten Welt oder in Houston in Texas, ob im kalifornischen Los Angeles oder in einer Kleinstadt in Oklahoma, ob in einem Dorf in Nevada oder in New Orleans am Mississippi in Louisiana: Vieles im Leben der Kinder in den USA ist gleich, egal ob sie im Norden oder in einem der Südstaaten zu Hause sind, ob sie auf einer Rinderfarm auf dem Land oder in einem Wolkenkratzer in einer der großen Städte aufwachsen. Zum Beispiel ihr Spaß am Sport. Sobald ein Dreikäsehoch auf wackligen Beinen durch die Gegend laufen kann, bekommt er den ersten Baseball-Handschuh geschenkt – egal ob Junge oder Mädchen. Als Nächstes gibt es den passenden Schläger dazu – allerdings nur aus Plastik, damit sich Klein-Kevin und Little Mary nicht verletzen. Und dann wird trainiert. Bei ihrer Begeisterung für das Baseball-Spielen sind alle amerikanischen Kinder gleich: ob arm oder reich. Hier gilt wirklich, dass Sport verbindet. Manche Schulen jagen sich sogar die besten Spielerinnen und Spieler ab, um eine Super-Mannschaft zusammenzubekommen.

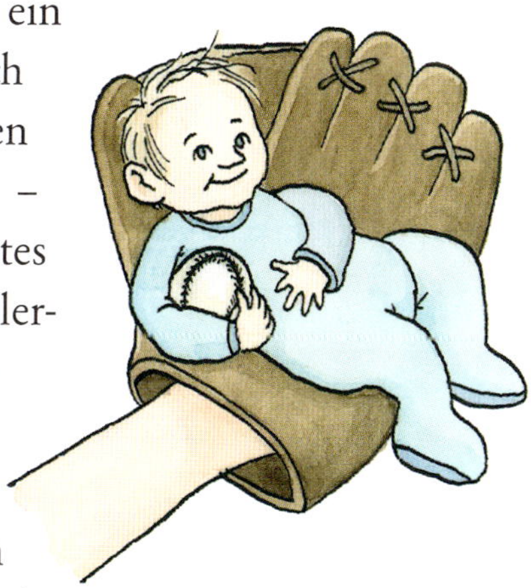

Bei den Kindern ab zwölf kommen zwei weitere Sportarten hinzu: Die Mädchen jagen beim Soccer, unserem Fußballspiel, dem runden Leder hinterher. Die Jungen toben beim „American Football" übers Feld. Dieser Kampf um den Ball hat mit der Kickerei bei uns nur den Namen gemein. Hier geht es eher rüde zu – wie beim englischen Rugby. Es wird gerempelt und gestoßen, geboxt und gebalgt. Deshalb tragen die Spieler Helme und schützen ihre Schultern und Beine mit dicken Polstern. Auch das Skateboard kommt aus Amerika.

Die allerliebsten Freizeitbeschäftigungen aber kennen keine Bewegung: Computerspielen und Fernsehschauen. Nirgendwo sonst gucken Kinder täglich so lange fern wie in den USA. Nirgendwo sonst gibt es so viele Sendungen extra für Kinder. Von hier aus startete Kermit der Frosch mit der Sesamstraße seinen Siegeszug um die Welt. Hier sind Mickey Mouse und Donald Duck zu Hause. In den Walt-Disney-Parks in Florida und Kalifornien kann man ihnen sogar persönlich begegnen. Solche Freizeitparks sind nicht nur ein beliebtes Ausflugsziel für die Kleinen. Spötter nennen die USA deshalb den größten Kindergarten der Welt.

Vorfahrt für Kinder!

Schulfrei! Hurra! In der Nacht hat es gefroren. Deshalb wird John heute zu Hause bleiben: Weil die Straßen glatt sein könnten, darf kein Schulbus fahren. Überall in Amerika werden die Kinder mit Bussen von zu Hause abgeholt und zur Schule gebracht. Egal, ob zu einer der teuren Privatschulen oder einer der „public schools", der öffentlichen Schulen, die kostenlos sind. Zu Fuß geht hier kein Kind, auch nicht, wenn es aus einer armen Familie stammt. Die Erwachsenen sind ebenfalls vor allem im Auto unterwegs. Doch wenn einer der gelben Schulbusse am Straßenrand steht, um seine Passagiere ein- und aussteigen zu lassen, müssen alle anderen Fahrzeuge warten: Keinem Kind soll was passieren. Die Amerikaner finden sogar, dass es viel zu gefährlich ist, wenn die Busse auf glatten Straßen fahren. Deshalb fällt dann die Schule aus.

An das, was Kindern das Leben angenehm macht, wird überall gedacht: In jedem Restaurant gibt es Kinderstühle, Kindermenüs, Kinderbesteck oder extra eingerichtete Ecken zum Spielen. Und fast alles, was es für Erwachsene gibt, kann man hier in Miniatur-Format haben: ob das ein schnittiger Ferrari oder ein schickes Motorrad ist. Andererseits dürfen erst Zwölfjährige alleine Fahrrad fahren. Dafür kann jeder Steppke ab zwei schon in Fernsehshows auftreten. Und der große Traum vieler Mädchen ist es, einen Schönheitswettbewerb zu gewinnen.

In einem sind sich die Amerikaner einig: „Kids are great!" – Kinder sind etwas Großartiges! Was ja auch stimmt.

Zauberer ziehen durch die Nacht

Harry Potter oder Staubfinger? Als was soll sich John in diesem Jahr an Halloween verkleiden? Als der Zauberschüler von Hogwarts oder der Feuerzauberer aus Tintenblut? Schon seit Wochen geht ihm nichts anderes mehr durch den Kopf. Sein Freund liebäugelt mit der Figur eines Jedi-Meisters aus Star Wars, seine kleine Schwester würde gern als Hexe gehen. Riesenspaß haben die drei, wenn sie sich ausdenken, welchen

Schabernack sie den geizigen Nachbarn in diesem Jahr in der Geisternacht spielen. Ein bisschen gruselt es John allerdings schon, wenn er an die düsteren Gestalten denkt, die am 31. Oktober mit Anbruch der Dunkelheit durch die Straßen ziehen. Auch wenn er weiß, dass hinter jeder Maske ein Mensch wie er steckt – das macht die Gespensterpartys an Halloween nicht weniger schaurig und schön!

Geisterfest und Truthahnessen

Halloween am 31. Oktober und Thanksgiving am vierten Donnerstag im November sind für die Kinder in den USA und Kanada die wichtigsten Feste. Die Kanadier feiern Thanksgiving allerdings schon im Oktober. Halloween heißt eigentlich „all hallows eve“ – der Vorabend von Allerheiligen. Irische Einwanderer haben diesen Gedenktag nach Amerika mitgebracht. Mit Heiligen hat das Spektakel heute aber nichts mehr zu tun. Ganz im Gegenteil: Schaurig verkleidete Gestalten ziehen in der Dunkelheit durch die Straßen. Die flackernden Kerzen in den ausgehöhlten Kürbissen mit ihren wild geschnitzten Fratzen beleuchten gespenstisch die Nacht. Viele Schaufenster und Kaufhäuser sind mit Spinnweben und schwarzen Tüchern dekoriert. Halloween ist wie ein gruseliges Faschingsfest: Die Kinder gehen verkleidet von Haus zu Haus und drohen: „trick or treat“ – „Streich oder Leckerbissen“. Wer keine Süßigkeiten herausrückt, der wird gepie-

sackt. Auch das geht auf einen irischen Brauch zurück: Die Menschen glaubten dort früher, in dieser Nacht trieben sich die Geister der Toten herum. Und damit die ihnen nichts Böses tun, haben die Lebenden ihnen vorsorglich etwas zu essen nach draußen gestellt.

Die Mexikaner erwarten am Tag nach Allerheiligen, an Allerseelen, den Besuch ihrer Toten: Deshalb schmücken sie ihre Wohnungen mit Skeletten aus Teig und bringen kleine Geschenke zu den Gräbern der verstorbenen Verwandten. Das hat mit dem Gespensterspuk der Nachbarn weiter im Norden aber nichts zu tun.

An Thanksgiving feiern die US-Amerikaner und Kanadier Erntedank: Geschenke gibt es nicht. Aber das Fest mögen sie trotzdem so gern wie Weihnachten, weil die ganze Familie zusammenkommt. Gemeinsam denken alle darüber nach, was ihnen im zu Ende gehenden Jahr Gutes widerfahren ist. Die ersten britischen Siedler haben so vor vierhundert Jahren für ihre erste in der neuen Heimat eingefahrene Ernte gedankt. Heute gibt es an Thanksgiving leckeren Truthahnbraten mit Süßkartoffeln, Gemüse und Bohnen. Die Kinder haben in den Tagen davor in der Schule einen Pumpkin Pie, einen Kürbiskuchen, gebacken. Thanksgiving ist der einzige Tag im Jahr, an dem in Amerika alle Geschäfte geschlossen sind und niemand arbeiten muss.

Kokosnuss und Karibik-Zopf

Wenn Bob zum Strand geht, sieht es aus, als ob er tanzen würde. Denn von irgendwoher auf seiner Heimatinsel Jamaika kommt immer Musik. Und was für welche! Die Musik der Karibik, der Reggae, wurde hier geboren und ist auf der ganzen Welt bekannt. Wer Reggae hört, fängt unwillkürlich an, sich nach dessen Rhythmus zu bewegen. Da fällt es schwer, schlecht

gelaunt zu sein. Auf seinen Namen ist Bob besonders stolz. Seine Eltern haben ihn nach dem Erfinder des Reggae, dem Musiker Bob Marley, benannt.
Die Fröhlichkeit der Einheimischen auf den Karibik-Inseln, die fetzige Musik, die kilometerlangen weißen Strände und das türkisblaue Meer locken Menschen aus der ganzen Welt zum Urlaubmachen an. Das ist gut für Bob: weil er den Touristen am Strand Kokosnüsse verkaufen kann. Mit einer Machete schlägt er sie auf, damit die Badegäste die erfrischende Milch daraus trinken können.

Bobs große Schwester Lucy verdient sich ein paar Jamaika-Cents, indem sie den Touristenfrauen und -mädchen viele kleine Zöpfe mit Perlen in die Haare flicht. Wenn sie ihre meist hellhäutigen Kundinnen dann ein paar Tage später wiedersieht, muss sie meistens lachen: weil deren Kopfhaut zwischen den Zöpfen die Farbe von rosa Schweinchen angenommen hat. Die heiße Sonne der Karibik hat die zarte Haut verbrannt. Lucy und Bob kann die Sonne nichts anhaben: Sie sind Schwarze und Hitze und Sonne gewohnt. Ihre Vorfahren waren Afrikaner, die von den britischen Kolonialherren als Sklaven nach Amerika verschleppt wurden. Dort mussten sie auf den Zuckerrohr- und Bananenplantagen arbeiten. Der Großteil der Menschen auf fast allen Inseln der Karibik hat Afrikas Blut in den Adern. So wie Lucy und Bob. Ihre Insel Jamaika war früher ein riesiger Sklavenmarkt. Hier wurden die Afrikaner bis vor zweihundert Jahren wie Vieh angeliefert und in alle Himmelsrichtungen weiterverkauft.

Gelbe Sonne, grünes Land

Die meisten Touristen ahnen nicht, dass die paar Cents aus dem Kokosnussverkauf und für das Zöpfeflechten kein Taschengeld sind, sondern dass die Kinder das Geld dringend brauchen. Auch wenn die Sklaverei vor rund zweihundert Jahren verboten wurde: Zu Reichtum haben es in Mittel- und auch in Südamerika meistens nur die Weißen, die sich hier angesiedelt haben, gebracht. Jamaika wurde erst vor ein paar Jahrzehnten von der früheren Kolonialmacht Großbritannien unabhängig und ein eigener Staat.

Wie es um ihr Land bestellt ist, haben die Jamaikaner selbstbewusst auf ihre Flagge gemalt: Ein diagonales gelbes Kreuz teilt sie in zwei schwarze und zwei grüne Dreiecke. Schwarz steht für Armut, grün für die Hoffnung und gelb für die Sonne, die das ganze Jahr über lacht. Das Ganze soll ausdrücken: „Es gibt Armut hier, aber das Land ist grün, und die Sonne scheint." Die Plantagen gehören meistens Firmen im Ausland. Der Tourismus hat nicht allen Menschen auf den Urlaubsinseln der Karibik Arbeit gebracht. Aber immerhin gibt es jetzt Schulen, auch wenn längst nicht alle Kinder Lesen, Schreiben und Rechnen lernen. Auch auf Jamaika, wo viele Menschen für ihren Urlaub mehr Geld ausgeben, als mancher Einheimische dort in einem Jahr verdienen kann, gibt es Slums.

Zum Glück müssen Bob und Lucy dort nicht wohnen – ihnen geht es besser: Ihre Eltern haben auf einem Dorf in der Nähe vom Strand ein kleines Holzhaus. Die Mutter verkauft am Straßenrand Obst und Gemüse aus dem eigenen Garten. Der Vater fährt Touristen mit dem Boot aufs Meer hinaus. Trotzdem müssen ihre Kinder hinzuverdienen. Lucy zum Beispiel, weil sie eine neue Schuluniform braucht. Deshalb flicht sie Zöpfe. Und ist stolz darauf.

Jorges Traum

Jorge hat einen Traum: Wenn er einmal groß ist, will er ein Fußballstar werden. Sein großes Vorbild ist sein argentinischer Landsmann Diego Maradona, der einst als bester Fußballer der Welt galt. Auch über Pelé, den einstigen brasilianischen Kicker-König, weiß Jorge gut Bescheid. Wie viele argentinische Jungen tritt Jorge in jeder freien Minute und wann immer er einen Platz dafür findet den Ball. Kürzlich hat ihn ein Erwachsener sogar einen Dribbelkünstler genannt.

Nicht nur der Argentinier Jorge ist fußballverrückt. Für viele Jungen in Südamerika ist eine Karriere auf dem grünen Rasen ihr Zukunftstraum. Tatsächlich scheinen die Menschen hier für diesen Sport besonders talentiert zu sein: Viele große Vereine aus Europa holen sich ihren Nachwuchs aus diesen Ländern. Und so hofft Jorge, dass einer der Agenten aus dem Norden der Welt ihn vielleicht eines Tages entdeckt. Schließlich war auch sein großes Vorbild Maradona als Kind bettelarm: Er hat es aus dem Elendsviertel Villa Fiorita der argentinischen Hauptstadt Buenos Aires auf den Fußball-Thron der Erde geschafft. Argentiniens Nationalmannschaft gewann mit ihm vor rund zwanzig Jahren die Fußball-Weltmeisterschaft. Der Brasilianer Pelé wurde in seiner Heimat sogar Minister. Der Lieblingssport der Südamerikaner hat nicht nur diese beiden Männer reich gemacht, sondern auch ihren Ländern weltweit Ansehen verschafft.

Ein Poncho für Pancho

Bald ist Beatriz eine Pasñacha. Dann kann sie selbstständig Aufgaben im Haushalt und auf dem Acker ihrer Eltern übernehmen. Beatriz lebt in den peruanischen Anden in der Nähe des Titicacasees. Die Kinder dort werden nicht wie bei uns je nach Alter Babys, Klein-, Schulkinder und dann Teenager genannt. Die Namen der Lebensabschnitte geben dort wieder, was ein Mensch schon kann: Vom dritten bis zum elften Lebensjahr sind die Kinder „Warma", das heißt, sie können schon ein bisschen beim Schafe-Hüten oder Unkraut-Jäten helfen. Ab elf sind die Mädchen Pasñacha und die Jungen Maptacha und arbeiten wie die Erwachsenen mit. Noch hilft Beatriz hauptsächlich ihrer Mutter auf dem Feld – zum Beispiel beim Quinoa-Ernten. Quinoa ist eine Art Getreide und wird wie Reis zubereitet, schmeckt aber ganz anders. Beatriz kann schon alleine Süßkartoffeln, Mais und Bohnen kochen. Kürzlich durfte sie ihrem Bruder Pancho beim Lama-Scheren helfen. Da war sie sehr stolz. Die Lamas, schulterhohe Tiere mit langem Hals und wolligem Fell, sind der kostbarste Besitz der Familie: Aus dem Fell spinnt die Mutter Wolle und webt und näht warme Ponchos. Beatriz' Dorf liegt in über 3 000 Metern Höhe. Da wird es empfindlich kalt. Die Lamas tragen das Brennholz und die Ernte vom Feld auf ihren Rücken nach Haus. Und manchmal gibt es einen Lama-Festtagsbraten. Beatriz geht auch gern in die Schule. Geschichte ist ihr liebstes

Fach. Sie findet alles spannend, was sie über ihre Vorfahren, die Inka, erfährt. Das war ein mächtiges Anden-Volk. Wenn sie zu Hause aus dem Unterricht erzählt, hören ihr die Eltern immer ganz aufmerksam zu. Sie haben nie eine Schule besucht. Auch für Beatriz ist nach der Grundschule Schluss: Dann muss sie alleine auf den Markt gehen und Gemüse verkaufen.

Kinder helfen Kindern

In den südamerikanischen Ländern ist es für Kinder normal, schon sehr früh Geld zu verdienen. Vor allem in den Städten müssen manche Kinder sogar ganz für sich allein sorgen. In Perus Hauptstadt Lima tun sich deshalb seit dreißig Jahren Kinder zusammen, um sich gegenseitig zu helfen: Ihre Gruppe hat den Namen MANTHOC. Das ist die Abkürzung für *Movimiento de Adolescentes y Niños Trabajadores Hijos de Obreros Cristianos*. Übersetzt heißt das „Bewegung der arbeitenden christlichen Jugendlichen und Kinder“. Die jungen Leute treffen sich regelmäßig und geben aufeinander Acht. Sie tauschen Tipps aus, und manchmal feiern sie ein Fest. Einige Hilfsorganisationen bieten ihnen auch ihre Unterstützung an: So können die Kinder zum Beispiel lernen, Holzspielzeug oder Instrumente selbst herzustellen. Nicht in erster Linie für sich: So etwas lässt sich gut verkaufen. Vielleicht hast du in einem Dritte-Welt-Laden schon mal Spielzeug oder selbst gemalte Karten aus Peru oder Kolumbien, Bolivien oder Ecuador gesehen. Die sind dann oft von Kindern gemacht.

Amerikas Klang

Für die Menschen in Peru, Kolumbien, Brasilien, Argentinien, Chile oder Ecuador und in den anderen südamerikanischen Ländern ist wie in vielen Teilen der Welt der Heilige Abend der höchste Feiertag im Jahr. Nicht, weil es da Geschenke gibt. Sondern weil die meisten Südamerikaner tiefgläubige Christen sind. In Beatriz' Heimat und in den anderen Andenstaaten steht selbst im kleinsten Dorf eine Kirche. Von überall her kommen die Gläubigen am Heiligen Abend zum nächtlichen Gottesdienst. Beatriz' Vater und die anderen Männer haben dann ihre runden, schwarzen Hüte auf. Die Frauen tragen weite, lange Röcke in den schönsten Farben. Festliche Musik ertönt bei ihrer Christmette nicht von der Orgel. Stattdessen stimmen die Kirchenbesucher die Weihnachtslieder auf Quenas, den Pan- oder Andenflöten aus Schilf- oder Bambusröhrchen, an. Und sie schlagen auf die Saiten ihrer Charangos, einer Art Mandolinen. Deren Klangkörper wird aus dem Panzer eines Gürteltiers gemacht.

In der Karibik wird „Stille Nacht" fetzig als Reggae angestimmt. John steht vielleicht bei swingenden Gospel-Gesängen unter dem Christbaum. Gospelmusik ist eine Mischung aus alten afrikanischen und modernen nordamerikanischen Rhythmen und Melodien. Gut möglich, dass auch Shila aus ihrer Dschungel-Schule die christliche Weihnachtsmusik schon kennt. Wenn du das nächste Mal den Klang einer Panflöte, den Rhythmus des Reggae, vielleicht sogar das „holy night" eines Gospel-Chors hörst, dann denk doch mal an sie alle: an Beatriz und Pancho, an Oscar und John, an Levi, Marcia und Bob und an die Vielfalt der Welt, die Platz auf dem Erdteil Amerika hat.

Ägypten, Algerien, Angola, Äquatorialguinea, Äthiopien, Benin, Botswana, Burkina Faso, Burundi, Djibouti, Elfenbeinküste, Eritrea, Gabun, Gambia, Ghana, Guinea, Guinea-Bissau, Kamerun, Kap Verde, Kenia, Komoren, Kongo, Lesotho, Liberia, Libyen, Madagaskar, Malawi, Mali, Marokko, Mauretanien, Mauritius, Moçambique, Namibia, Niger, Nigeria, Ruanda, Sambia, São Tomé und Príncipe, Senegal, Seychellen, Sierra Leone, Simbabwe, Somalia, Südafrika, Sudan, Swasiland, Tansania, Togo, Tschad, Tunesien, Uganda, Zaire, Zentralafrikanische Republik – 53 Länder mit über 800 Millionen Menschen gehören zu Afrika. Dieser Kontinent bedeckt ein Fünftel der Landfläche unserer Erde. Europa würde dreimal hineinpassen.

So leben die Kinder Afrikas

So leben die Kinder Afrikas

Jambo heißt Guten Tag!

„Jambo Jumbo!“, ruft Piranto fröhlich, wenn er einen Elefanten sieht. Jambo heißt Hallo oder Guten Tag. Und Jumbo nennen die Kenianer die grauen Rüsseltiere, die so gemütlich durch die Savanne ziehen. Piranto weiß aber, dass er sich ihnen besser nicht in den Weg stellt, wenn eine ganze Herde dieser Dickhäuter angetrampelt kommt. Noch schöner findet er Löwen. Doch die bestaunt er vorsichtshalber nur aus der Ferne. Schon als kleiner Junge hat Piranto gelernt, wie er sich notfalls mit einem geschickten Speerwurf gegen Gefahren verteidigen kann. Wenn Piranto sein Dorf verlässt, hat er immer eine solche Waffe dabei.

Wir kennen diese wilden Tiere nur aus dem Zoo – und sind froh, dass uns dort ein sicheres Gitter von ihnen trennt. Piranto lebt mitten unter ihnen. Er ist ein Massai. So heißt ein ostafrikanischer Nomadenstamm, der in Kenia und Tansania sein Zuhause hat. Nomaden sind Hirten, die mit ihren Rinder-, Schaf-, Kamel- oder Ziegen-Herden immer dorthin ziehen, wo ihre Tiere genug zu fressen finden.

In Afrika gibt es viele Volksgruppen, die seit Jahrhunderten so gelebt haben und zum Teil noch so leben: die Tuareg in der Sahara zum Beispiel, die Oromo, Tubu, Hima, Nandi und viele andere. Die meisten sind jedoch längst nicht mehr ständig unterwegs, sondern haben sich und ihre Familien in Dörfern angesiedelt. Nur die Männer ziehen dann mit ihren Tieren regelmäßig los. Manchmal sind sie monatelang fort. So wie Pirantos Vater, den der Junge schon oft begleitet hat. Aber auch in ihren Dörfern leben die meisten Afrikaner mit und mitten in der Natur: dort, wo auch Elefanten, Löwen, Hyänen, Giraffen, Nashörner, Zebras, Antilopen, Gazellen, Krokodile, Kamele und Affen zu Hause sind, je nachdem, ob ihre Heimat im Norden, im Süden oder am Äquator, dem heißen Bauch der Erde, liegt.

Baby an Bord

Die meisten Afrikaner leben auf dem Land. Wegen der Hitze und Dürre ist das Überleben oft schwer. In vielen Dörfern gibt es noch nicht einmal einen Brunnen. Dort müssen die Menschen dann jeden Tag manchmal kilometerweit bis zur nächsten Wasserstelle laufen und das kostbare Nass mühsam in Eimern nach Hause tragen. Meist ist das Aufgabe der Frauen. Die Menschen haben gelernt, sich in der oft kargen Natur so gut wie möglich zurechtzufinden, deren Chancen zu nutzen und den Gefahren zu entgehen.

Von klein auf schauen sich Afrikas Kinder das bei den Großen ab, mit denen sie rund um die Uhr zusammen sind. Kein Babysitter passt auf die Kleinen auf, während die Mütter Wasser holen oder ihrer Feld- und Hausarbeit nachgehen. Stattdessen haben die Frauen ihre Babys in Tragetüchern immer auf dem Rücken dabei. Sobald die Mädchen laufen können, begleiten sie die Frauen des Dorfes zu Fuß überall hin und üben schon früh, den Wassereimer oder andere Lasten wie sie auf dem Kopf zu balancieren. Die Jungen sammeln Brennholz und helfen den Männern beim Hüten der Herden. Sie lernen die Spuren der wilden Tiere zu lesen, Ackergeräte selbst herzustellen oder, wenn sie am Meer leben, ein Boot zu bauen und mit ihren Vätern fischen zu gehen.

Kérékou hat zu seiner Geburt ein Kälbchen geschenkt bekommen. Das ist Brauch bei seinem Stamm in Benin. Gedeiht das Tier, ist das ein Vorzeichen, dass Kérékou einmal ein guter Hirte sein wird.

Sag mal, Opa ...

Die Kinder aus Pirantos Dorf versammeln sich regelmäßig bei dessen Opa. Er ist der Stammesälteste und lehrt sie, was jeder Massai wissen und können muss. Den Jungen erklärt er, worauf sie beim Rinder-Hüten achten müssen. Er macht ihnen vor, wie sie aus Dorngestrüpp einen Schutzzaun bauen können, der die wilden Tiere vom Dorf fern hält. Die Mädchen lernen von ihm, welche wilden Pflanzen essbar sind und wo man sie finden kann. Und welche Wurzeln Schmerzen lindern helfen oder womit man welche Krankheit heilen kann.

Die Dorfältesten geben den Jüngsten das Wissen über Gesetze, Gebräuche, Glauben und Geschichte weiter, das sich seit Generationen in den Familien angesammelt hat. Sie haben das alles selbst auch von ihren Opas erfahren. Die Kinder lernen von klein auf, was sie für ein Leben im Busch oder in der Wüste, auf den Weiden oder am Meer brauchen. Aber auch, was es mit Gott und dem Glauben auf sich hat, mit welchen Tänzen und Ritualen der Mensch die Geister der Natur um Regen oder eine gute Ernte bitten kann. Und schließlich, welche Musik zu welchem Fest am besten passt, wie man die Instrumente dafür baut und dann darauf spielt. So bleibt das bewährte Wissen erhalten.

Mama eins, Mama zwei, Mama drei

Pirantos Familie ist sehr groß. Er selbst hat eine Schwester und einen Bruder. Aber sein Vater hat noch eine zweite Frau. Deshalb gehören vier weitere Kinder zu Pirantos Familie. Die Großeltern, Onkel und Tanten mit ihren Söhnen und Töchtern leben im selben Dorf. Simangele, ein Mädchen aus dem Swasiland im südlichen Afrika, hat sogar 73 Geschwister: weil ihr Vater neben ihrer Mutter noch 13 andere Frauen hat. Sie alle leben mit- und beieinander. Meist hat jede Mutter mit ihren Kindern aber ein eigenes Haus.

In vielen Ländern Afrikas leben die Menschen in traditionellen Großfamilien, in denen mehrere Generationen beieinander sind. Das ist praktisch, weil dann einer dem anderen helfen kann. Oma, Opa, Urgroßeltern – sie alle wohnen nebenan. Dass manche Männer mehrere Frauen haben, sichert den Fortbestand ihrer Familie. Zwei Fünftel der Afrikaner sind Muslime. Deren Religion, der Islam, erlaubt solche Vielehen ausdrücklich. Die alten Naturreligionen haben das ohnehin getan. Heute geben sich aber viele Männer mit einer Frau zufrieden, auch weil es billiger ist.

Fast jeder zweite Afrikaner ist zwar ein getaufter Christ, doch an den Gebräuchen der alten Religionen halten viele Menschen trotzdem fest. Wenn ein Mann mehrere Frauen und Kinder hat, ist das auch heute noch ein Zeichen für Wohlstand. Und später müssen die Kinder, wenn sie groß sind, ihre alten Eltern erhalten und versorgen. Nicht jedes Kind wird aber groß: Afrika ist der Kontinent mit der höchsten Kindersterblichkeit auf der Welt. Es gibt dort einfach zu wenig Ärzte, Medikamente, Krankenhäuser und Geld. Je mehr Kinder eine Familie hat, umso größer ist die Wahrscheinlichkeit, dass viele davon überleben.

Oma spricht mit der Natur

Bei vielen Stämmen sind die Toten selbstverständlicher Teil des Lebens. Ein Verstorbener ist dort nach seiner Bestattung noch längst nicht aus der Welt. Erst wenn es niemanden mehr gibt, der ihn noch zu seinen Lebzeiten gekannt hat, gilt ein Mensch als wirklich tot. Der Ahnenkult, die Erinnerung an die Verstorbenen und Opferzeremonien für sie, ist an wichtige Ereignisse im Jahr geknüpft. Sehr viele Feste und Feiern haben in Afrika damit zu tun.

Es gibt die unterschiedlichsten Rituale zu Ehren der Toten. Einen ganz besonderen Brauch pflegen zum Beispiel die Menschen in Madagaskar. Das Land ist die drittgrößte Insel der Welt und liegt vor der Ostküste des afrikanischen Festlands im Indischen Ozean. Dort werden die Gebeine der Toten einmal im Jahr aus ihren Grabhäusern geholt, gereinigt, geschmückt, in frische Tücher gewickelt und dann wieder zur Ruhe gelegt. Die alten Tücher werden zerrissen und die Fetzen unter den Nachfahren aufgeteilt. Sie sollen die Familie beschützen. Dieser Tag ist eines der größten Feste im Jahr. Das ganze Dorf nimmt daran teil. Die Grabstätten selbst sind auf Madagaskar richtige Kunstwerke. Die Friedhöfe sehen wie kleine Museen aus: Geschnitzte und bunt bemalte Holzskulpturen erzählen ein besonderes Ereignis aus dem Leben eines jeden Toten. Anderswo werden die Geister der Verstorbenen mit Tänzen und Musik um Hilfe angerufen: Sie sollen für eine gute Ernte sorgen

oder dafür, dass das Dorf von Krankheiten verschont bleibt. Dahinter steht der Glaube, dass die Seele eines Toten Einfluss auf die Natur nehmen und dadurch die noch Lebenden schützen kann.

Was Zöpfe erzählen

Die Natur hat den Rhythmus von Säen, Reifen und Ernten, das Leben den von Geburt, Erwachsenwerden und Tod. Darum drehen sich die Bräuche, Gesänge und Tänze in Afrika. Wenn Piranto vom Kind zum jungen Mann wird, wenn für Simangele die Mädchenzeit zu Ende geht, feiern ihre Stämme das mit einem großen Fest nach jahrhundertealten Ritualen. Bei einigen Völkern werden die Gesichter der Teenager mit Farben bemalt, bei anderen der ganze Körper mit besonderen Zeichen tätowiert. Den Mädchen werden die Haare zu kunstvollen Zöpfen geflochten. Jede Art von Körperschmuck ist ein Symbol: bei den Jungen für Mut und Tapferkeit, bei den Mädchen dafür, dass sie hoffentlich fruchtbar sind, also bald möglichst viele Kinder bekommen. Oder die Männer legen Tier- und Geistermasken an und führen zu Ehren der jungen Erwachsenen Tänze vor. Mit Trommeln und Klanghölzern und viel Gesang verabschiedet sich die Dorfgemeinschaft von deren Kindheit und begrüßt sie im Kreis der Großen. Medizinmänner, die die Heilkräfte der Natur zu nutzen wissen, und Schamanen (so heißen die Priester der Naturreligionen) rufen Götter und Geister um den Schutz der jungen Leute an.

Rap mir den Regen

Die Christen feiern in der Kirche Erntedank, wenn die Felder geleert sind. In Afrika wird bei Beginn der Ernte die Natur mit Musik und Tänzen beschworen. In Ghana und Nigeria ist das Yams-Fest einer der Höhepunkte im Jahr. Die Wurzel der Yams-Pflanze ist der Kartoffel sehr ähnlich. Wenn sie reif ist, beginnt der Erntereigen für das jeweilige Jahr. Am Meer tanzen und singen die Menschen für einen üppigen Fischfang. In Wüstengegenden bitten sie mit mystischen Gesängen um ausreichend Regen.

Bei den rituellen Festen wird auch die Geschichte des jeweiligen Volkes in Liedern nacherzählt. In Afrika gab es ursprünglich keine Schrift, weshalb niemand die Geschichte und Geschichten der Vergangenheit aufgeschrieben hat. Stattdessen wurden sie in Liedern weitergegeben. So gerieten sie nicht ganz in Vergessenheit. Die Geschichtenerzähler und Sänger werden in Gambia, Mali, Guinea und Burkina Faso Griots genannt. Nur die Angehörigen ganz bestimmter Clans oder Familien dürfen Griots werden. Zu ihren Vorträgen wird meistens getanzt. Für einen Afrikaner ist es sowieso unvorstellbar, dass man still stehen oder gar sitzen bleiben kann, sobald irgendwo eine Trommel geschlagen wird oder Musik ertönt. Es heißt, die Afrikaner hätten Rhythmus im Blut. Du kennst das ja auch: Wenn du Hip-Hop, Rap oder kirchliche Gospel-Gesänge hörst, fangen deine Beine das Wippen an. All diese Musikrichtungen haben ihre Wurzeln in der Musik von Afrika.

Wenn der Kürbis singt

Yahya hat sich sein Klavier selbst gebaut. Dafür hat er ein paar unterschiedlich lange Metallstäbe auf einem Stück Holz befestigt. Mit dem Daumennagel bringt er sie zum Schwingen. Deshalb wird dieses Musikgerät Daumenklavier genannt. Es ist neben den Trommeln das häufigste und in Afrika am meisten verbreitete Instrument. Yahyas Freund Pete kann sogar schon die Kora spielen: So heißt ein Instrument mit 21 Saiten, das so ähnlich wie eine Gitarre aussieht. Es hat aber einen dicken Bauch und klingt wie eine Harfe. Der Bauch einer Kora besteht aus der halben Schale einer Kalebasse, die mit Rinderhaut überzogen wurde (Kalebassen sind die Früchte einer tropischen Flaschenkürbis-Art). An diesem Klangkörper wird ein Stab befestigt, an den dann die Saiten kommen.
Als Rasseln benutzen die Afrikaner Kokosnüsse mit Steinen darin. Und eine Leier bauen sie sich, indem sie ein Stück Baumstamm aushöhlen und mit getrockneter Tierhaut bespannen. Daran werden dann zwei Holzstangen befestigt, die ein Steg verbindet. An diesen Steg bringt man wiederum Saiten aus Darmschnur oder Sehnen an – fertig ist das Instrument! Die Luo, ein ostafrikanischer Stamm, verzieren ihre Leiern noch mit Vogelfedern und Amuletten. Sie glauben, dass es Glück bringt, wenn eine derart geschmückte Leier erklingt.

Alles selbst gebaut

Schon als kleiner Junge hat Piranto die großen Jeeps bestaunt, mit denen die Touristen durch das Wildreservat in seiner Heimat gefahren werden. Er und seine Freunde haben sich Spielzeugautos gebaut, die genau so aussehen. Aus Holzstücken, Draht und Nägeln haben sie sich ihre Mini-Jeeps selbst gebastelt. Zum Fußballspielen suchen sich die Jungen eine Kokosnuss oder eine andere runde, feste Frucht und umwickeln sie mit Stofffetzen oder mit den Fasern eines Bananenblattes. Das ist dann ihr Ball.

Alle Kinder der Welt ahmen im Spiel das richtige Leben nach. Vielleicht hast auch du dir schon mal selbst ein Spielzeug gebastelt. Oder du hast dir in einem Spielzeugladen das passende Bastelset gekauft. Von Computerspielen können die meisten Kinder in Afrika nur träumen: Selbst wenn es in ihrem Zuhause Strom gibt, sind ein PC oder eine Playstation viel zu teuer. Einen Supermarkt, wie wir ihn kennen, hat Piranto noch nie gesehen. Will er ein Spielzeug haben, muss er es sich schon selber bauen. Er nimmt dazu, was er so findet: Holzstückchen, Äste, alte Blechdosen, Steine, Autoreifen oder Schläuche.

Statt Mensch-ärgere-dich-nicht oder Fang-den-Hut spielen die Afrikaner Dithwai. Dafür baut sich jedes Kind im Sand einen Kral für seine „Herde“, die aus zehn Steinen besteht. Dann prüft einer sein „Vieh“ und macht danach die Augen zu. Die anderen Mitspieler nehmen sich nun von ihm je einen Stein und legen ihn in ihren eigenen Kral. Der erste „Hirte“ muss jetzt versuchen, seine Steine wiederzuerkennen. Schafft er das nicht, hat er sein Vieh verloren. Sieger ist, wer am Ende die meisten Steine hat.

Statt Gummibärchen Zuckerrohr

Mmmmmh! Pirantos Vater hat frisches Rinderblut mitgebracht. Und die Mutter hat auf dem Markt getrocknete Beeren bekommen. Die zerreibt sie jetzt und rührt sie in den tierischen Saft. Das ist ein typisches Gericht der Massai. Häufiger gibt es aber Engurma oder Ugali, einen dicken Maisbrei, oder gestampfte Bohnen.

Tütensuppe, Hamburger, Fischstäbchen und zum Nachtisch ein Eis? Die allermeisten Kinder Afrikas haben so etwas noch nie gesehen und schon gar nicht gegessen. Ihre Nahrung ist das, was dort, wo sie leben, wächst und gedeiht: Brei aus Hirse, Mais oder Bohnen, gekochte Yams- oder Maniokwurzelknollen, eine Art Kartoffelgericht, ein gekochtes Mus aus gemahlenen Erdnüssen, Kochbananen, manchmal Rind- oder Ziegenfleisch und am Meer natürlich Fisch. Das Kochen ist Sache der Frauen und Mädchen. Zum Naschen gibt es statt Gummibärchen ein Stück Zuckerrohr. Zwar wächst der Kakao, aus dem man Schokolade macht, in Afrika, er wird aber vor allem für den Export, also den Verkauf in andere Länder, angebaut.

Gut schmeckt das dünne Fladenbrot, das in Afrika aus dem Mehl des heimischen Getreides hergestellt und gebacken wird. Man füllt es mit Gemüse, Fleisch oder Fisch. In den Ländern Zentralafrikas gelten gekochte Raupen als Delikatesse. Das ist nichts anderes, als wenn ein europäischer Feinschmecker von leckeren Schnecken schwärmt. Vor allem in den Ländern der Sahelzone (ein Gebiet südlich der Sahara) können die Menschen allerdings von einer reich gedeckten Tafel oft nur träumen: Wenn

der Regen ausbleibt, zerstört die Dürre schnell die Ernte eines ganzen Jahres. Dann gibt es gar nichts zu essen, und die Menschen haben Hunger. Wir alle kennen die schrecklichen Bilder, mit denen Afrika so oft die Welt um Nahrungsmittelhilfe bitten muss.

Was malen wir heute?

Pirantos Dorf besteht aus mehreren Hütten, in denen die ganze große Familie und die anderen Bewohner Platz haben. Diese Hütten sind aus Holzpfosten und getrocknetem Kuh-Dung gebaut und stehen im Rund. Die Dächer sind aus Stroh. Vor ein paar Jahren hat einer der Dorfbewohner aus der Stadt Wellblech mitgebracht. Voller Stolz hat er damit ein neues Dach für sein Haus gebaut. Doch die Sonne hat das Metall so aufgeheizt, dass die Familie ihre Wohnung ganz schnell verlassen hat. Unter dem Strohdach und in den Mauern aus Dung dagegen bleibt es schön kühl.
In den Nächten, in denen es in Afrika empfindlich kalt werden kann, wärmt ein offenes Feuer. Am Tag hat Pirantos Mutter darüber das Essen gekocht. Wenn es mal ein Loch im Haus zu stopfen gilt, ist neues Stroh oder Schilf für das Dach und der Lehm aus Dung für die Wände kostenlos und schnell bei der Hand. Die Wände dieser Häuser sind oft fantasievoll bemalt – und viel schöner als das Grau in Grau von Mauern aus Stein.

Komm, wir flechten uns ein Haus

Lehm, Schilf, Stroh, Zweige, getrockneter Dung – in Afrika werden die Häuser auf dem Land seit Jahrhunderten aus dem Material errichtet, das dort ohnehin vorhanden ist. Ziegel und Beton müssten für teures Geld gekauft und von weither herangeschafft werden. Natürlich gibt es auch Gebäude, wie wir sie kennen. Vor allem in den Städten werden die gleichen Materialien wie bei uns verwendet.

Eine Besonderheit sind Städte aus Lehm: Die Fulbe, einen Stamm in Mali, der am Rande der Wüste im Tal des Niger lebt, hat ihre Lehmbaukunst sogar weltberühmt gemacht. Viele Touristen reisen extra nach Djenne, um sich die Moschee in dieser Stadt aus Lehm anzusehen: Das islamische Gotteshaus ist das größte Gebäude der Welt aus diesem Naturmaterial. Aber auch die Wände der Hütten aus Schilf und Stroh, wie sie in vielen Wüstenregionen üblich sind, sind wahre Kunstwerke: Sie so zu flechten, dass sie aufrecht stehen, ist gar nicht so einfach. Schon die Kinder lernen das. Manche dieser Häuser gleichen umgestülpten riesigen Körben. Das Flechtwerk hat den Vorteil, dass der Wind hindurchwehen kann und so für Abkühlung sorgt.

So arm, so reich …

Arnold wohnt mit seiner Mutter in einem kleinen Unterstand in einem Elendsviertel am Rand der kenianischen Hauptstadt Nairobi. Das Dach ist aus Plastikplanen. Yasmines Zuhause in Ägyptens Hauptstadt

Kairo ist eine moderne Wohnung mit Klimaanlage, wie sie auch in Berlin oder Hamburg stehen könnte. Sie hat ein eigenes Zimmer, ihre kleine Schwester auch. Fiams Familie lebt in einem kleinen Betonhaus, das der Bruder ihres Vaters in der ghanaischen Goldgräberstadt Obuasis gebaut hat. Die fünfköpfige Familie teilt sich zwei Zimmer. Wenn es drinnen zu heiß wird, spielt Fiam mit ihren Geschwistern draußen im Schatten.

Armut und Reichtum sind in Afrika nah beieinander – und doch durch Welten getrennt. Die großen Städte sehen aus wie bei uns: mit Hochhäusern und großen Straßen, Villengegenden und Siedlungen aus kleinen Gebäuden mit zwei, drei oder vier Zimmern darin. An den Rändern dieser Städte gibt es aber Viertel, in denen sich hunderttausende von Menschen ihr Dach über dem Kopf selber bauen. Als Material nehmen sie, was sie auf Straßen oder Müllkippen finden, weil das nichts kostet. Aus alten Brettern und Plastikplanen errichten sie winzige Hütten und Baracken.

In den großen Häusern gibt es Strom, Wasserleitungen, Klimaanlagen, Fernsehantennen oder Satellitenschüsseln auf dem Dach – ganz so, wie uns das vertraut ist. Die Menschen in den Elendsvierteln der Städte haben es nicht so gut: Dort laufen die Abwässer durch eine Rinne in den Wegen ab. Trinkwasser-Leitungen gibt es nicht, meistens auch keinen Strom. Wer so wohnen muss, ist froh, dass er überhaupt ein Dach über dem Kopf hat.

Ein Dollar am Tag

Die Elendsviertel am Rande der Städte werden Slums genannt. Slum ist ein englisches Wort und heißt übersetzt „schmutzige Gasse“. Die Bewohner haben ihre Heimat häufig in der Hoffnung

auf eine bessere Zukunft verlassen. Entweder hat das Stück Land, auf dem sie zu Hause waren, ihre Familien nicht mehr ernährt. Oder sie sind vor Krieg und Gewalt geflohen.

Afrika ist der Kontinent mit den meisten Kriegen auf der Welt. Oft machen sich auch die verschiedenen Stämme die Weide- und Ackergründe streitig, weil es nicht genug fruchtbares Land gibt oder die Dürre ganze Ernten vernichtet hat. Dann fehlt es an Nahrung, von der alle Menschen satt werden könnten.

In den Städten dagegen gibt es nicht genug Arbeit. Und die Löhne dafür sind oft so niedrig, dass das Geld noch nicht einmal reicht, um die Miete für ein Zimmer zu bezahlen. So siedeln sich die Neuankömmlinge notgedrungen in diesen Slums an. Die wenigsten schaffen es, dort wieder wegzukommen. Die Pro-Kopf-Einkommen, also das, was eine Person im Durchschnitt verdient, sind in Afrika die niedrigsten der Welt. Fast jeder dritte Afrikaner, nahezu dreihundert Millionen Menschen, lebt von nicht mehr als einem Dollar am Tag. Das ist etwa so viel wie 1 Euro 20.

Schau, was ich kann!

Adolfo lebt in Inhambane, einer Stadt in Moçambique. Er geht abends in die Schule, weil er tagsüber Geld verdienen muss. Dafür hält er sich dann immer an einer Straßenkreuzung auf. Sobald die Ampel auf Rot springt und die Autofahrer zum Warten zwingt, bietet er ihnen an, die Wagenscheiben zu putzen. Zwischendrin spielt er am Straßenrand mit seinen Freunden.

Piranto begleitet manchmal Touristen auf einer Safari. Weil er Englisch kann, bekommt er von ihnen Trinkgeld. Das gibt er abends stolz bei seinen Eltern ab. Seine Schwestern basteln mit den Frauen des Dorfes den traditionellen Schmuck der Massai aus bunten Perlen. Die Muster verraten, wie alt das Mädchen oder die Frau ist, die ihn trägt, ob sie schon einen Mann oder gar Kinder hat. Bei den Touristen sind diese Ketten und Reifen als Souvenir sehr begehrt – und für die Massai-Familien eine wichtige Einnahmequelle.

Wie bei uns ist in den meisten Staaten Afrikas Kinderarbeit offiziell verboten. In einigen Ländern ist sie frühestens ab dem zwölften Geburtstag erlaubt. Trotzdem tragen häufig schon kleine Mädchen und Jungen zum Lebensunterhalt ihrer Familien bei. Es ist selbstverständlich, dass die Söhne und Töchter auf den Dörfern ihren Eltern im Haushalt und in der Landwirtschaft helfen. Sie erfahren dadurch auch, dass sie für die Familie genauso wichtig sind wie die Erwachsenen.

In den Städten gehören Kinder als Verkäufer, Schuhputzer, Autoeinweiser oder Dienstboten, die den Erwachsenen die Einkäufe von den Märkten nach Hause tragen, zum gewohnten Straßenbild. Manche Kinder helfen den Touristen, beim Feilschen einen besseren Preis auszuhandeln, und hoffen, vom so Gesparten ein Trinkgeld zu bekommen. Adolfo, der Autofensterputzer aus Inhambane, könnte ohne seine Arbeit nicht zur Schule gehen. Um Papier, Stifte und Bücher zu kaufen, reicht der Verdienst seiner Mutter nicht aus.

Sag mal was!

Zu Hause spricht Piranto Massai. In der Schule hat er Suaheli gelernt. Das ist die offizielle Landessprache Kenias. Dort gibt es, wie überall in Afrika, viele verschiedene Stämme, von denen jeder seine eigene Sprache spricht. Ohne Suaheli könnten sich die Kenianer untereinander gar nicht verständigen. Suaheli ist für die Menschen in Kenia, Tansania und Uganda wie für uns das Hochdeutsche: Das müssen in Deutschland alle Kinder lernen, weil sonst ein waschechter Berliner, dessen Familie nur Dialekt spricht, einen Schwaben oder ein Niederbayer einen Ostfriesen nur schwer verstehen könnte.

Menschen, die dieselbe Sprache sprechen, haben meistens eine gemeinsame Geschichte und Kultur – sie gehören zusammen. Bevor es die Länder Kenia, Tansania und Uganda gab, zogen die Massai zum Beispiel als Nomaden durch all diese Gebiete der heutigen Staaten. Oder die Menschen unterstanden denselben Herrschern oder glauben an dieselbe Religion. In Tunesien, dem Sudan, Algerien, Marokko, Mauretanien, Libyen, Ägypten, Djibouti, Eritrea und dem Tschad zum Beispiel wird Arabisch gesprochen. In allen 53 Ländern Afrikas gibt es zusätzlich über 2 000 verschiedene lokale Sprachen und Dialekte, in denen sich die Einheimischen noch heute untereinander verständigen.

Habari? How are you? Wie geht's?

Piranto ist stolz, dass er auch Englisch spricht. Nur deshalb kann er manchmal die Touristen durch den Massai Mara Nationalpark führen, ihre Fragen über die Tiere dort beantworten und ihnen etwas über seinen Stamm erzählen.

Die offizielle Geschäftssprache in Kenia ist Englisch. Auch das muss Piranto in der Schule lernen. Vielleicht will er ja mal einen eigenen Laden aufmachen, in einem Hotel arbeiten oder in die Stadt gehen und sogar studieren. Ohne Englisch könnte er das alles nicht. In anderen Ländern Afrikas lernen die Kinder neben ihren uralten Stammesdialekten als offizielle Sprache Portugiesisch oder Französisch. Daran kann man erkennen, dass ihre Heimat früher einmal zu Portugal oder Frankreich gehört hat. Das hat etwas mit der Geschichte dieses Kontinents zu tun: Die meisten Länder Afrikas wurden erst in der Mitte des vergangenen Jahrhunderts zu eigenständigen Staaten. Davor hatten dort die europäischen Kolonialherren das Sagen. Europäische Herrscher haben diese Kolonien gegründet. In Kenia war das die englische Königin. Noch heute lässt sich an der Sprache hören, wer wo der Kolonialherr war.

Eine Besonderheit gibt es in Südafrika: Dort ist neben Englisch Afrikaans oder „Kapholländisch“ die Amtssprache. Sie ist eine Mischung aus Dialekten, die holländische Siedler vor vier Jahrhunderten dorthin mitgebracht haben, und der Sprache der Bantu und Khoisa, die dort immer schon lebten.

Der Schatten ist weiß

Als die weißen Europäer Afrika „entdeckten“, also zum ersten Mal auf diesen Kontinent kamen, haben sie den Einheimischen dort einfach das Land weggenommen und zu ihrem Eigentum erklärt. Sie sahen die Schwarzen als „Wilde“ an, als minderwertige Menschen, und behandelten sie auch so.

Im Staat Südafrika wurden Menschen mit schwarzer Haut noch vor wenigen Jahrzehnten wie Menschen zweiter Klasse behandelt.

Schwarze durften nicht in den Gegenden der Weißen wohnen, nicht mit denselben Bussen fahren, nicht in denselben Geschäften einkaufen, die Kinder nicht in die gleichen Schulen gehen. Kein Schwarzer durfte sich in der Stadt auf eine Bank setzen, die für Weiße vorgesehen war. Diese menschenverachtende Politik wird Rassentrennung genannt.

Erst im 20. Jahrhundert, vor rund fünfzig Jahren, bekamen die Afrikaner zurück, was ihnen ohnehin gehört: ihre Länder und ihre Unabhängigkeit. Die Staatsgrenzen, die die weißen Unterdrücker gezogen hatten, blieben aber bestehen. Sie haben mit den uralten Stammesgrenzen oft nichts zu tun, sondern wurden willkürlich durch die Landschaft gezogen.

Auch das ist ein Grund, warum immer wieder Kriege zwischen den verschiedenen Bevölkerungsgruppen innerhalb eines Staates ausbrechen – weil sie eigentlich gar nicht zusammengehören. Stämme machen sich gegenseitig das Acker- und Weideland streitig. Oder es gibt Auseinandersetzungen darüber, wer die Regierung in einem Land stellen darf. Lebt dort ein Stamm, der sehr groß ist, haben dessen Kandidaten natürlich größere Chancen, gewählt zu werden, als die der kleineren Clans, die sich dann benachteiligt fühlen.

Hurra, ich darf in die Schule!

Pirantos Eltern haben nie Lesen und Schreiben gelernt. Sie sind Analphabeten wie viele Menschen in Afrika. Damit das nicht so bleibt, unterstützen die internationale Staatengemeinschaft durch die UNICEF, das Kinderhilfswerk der Vereinten Nationen, aber auch viele andere Organisationen die armen Länder Afrikas beim Aufbau und Unterhalt von Schulen.

Es ist keine Selbstverständlichkeit für ein afrikanisches Kind, Lesen, Schreiben und Rechnen zu lernen. Vor allem in den Ländern südlich der Wüste Sahara – und das ist die Mehrzahl der 53 Staaten dieses Kontinents – gehen 45 Millionen Kinder überhaupt nicht zur Schule. Jedes zweite hat nie Lesen und Schreiben gelernt oder bricht die Schule vorzeitig ab. Meistens sind die Eltern einfach zu arm, um Schulgeld zu bezahlen. Oder die in vielen Ländern vorgeschriebene Schuluniform ist zu teuer. Diese Uniformen sollen eigentlich dafür sorgen, dass man keinem Kind ansieht, ob seine Eltern arm oder reich sind. Wer aber noch nicht einmal für die Kleidung das Geld hat, dem nutzt das gar nichts. In vielen Familien reicht das Geld nicht einmal, um Stifte, Bücher oder Papier zu kaufen. Und noch immer gibt es Eltern, die es für unnötig halten, dass ihre Kinder überhaupt in die Schule gehen. Sie sollen lieber arbeiten und Geld verdienen. Mittlerweile gibt es aber in etlichen Ländern Schulpflicht wie bei uns. Das heißt, jedes Kind muss zumindest die Grundschule besuchen, die dann auch kostenlos ist.

Lernen unter einem Baum

Naaku muss jeden Tag mehrere Kilometer laufen, um in die Schule zu kommen. Die Kinder sitzen dort auf dem Boden, weil das Geld für Tische und Stühle fehlt. In manchen Klassen haben bis zu hundert Kinder gemeinsam Unterricht. Wo es Möbel gibt, müssen sich oft drei oder vier Schüler eine Bank teilen, die eigentlich nur Platz für zwei Kinder hat.
In besonders armen Gegenden ist das „Klassenzimmer“ sogar nur ein schattiger Platz im Freien unter einem Baum, weil es noch nicht einmal ein Gebäude für den Unterricht gibt.

Trotz des langen täglichen Fußmarsches zur Schule ist Naaku glücklich. Obwohl sie ein Mädchen ist, darf sie Lesen und Schreiben lernen. Bis vor wenigen Jahren noch war es in ihrer Heimat Ghana wie in vielen anderen afrikanischen Ländern nicht üblich, dass die Familien auch den Töchtern erlaubten, überhaupt in die Schule zu gehen. Sie sollten lieber zu Hause helfen oder auf dem Markt verkaufen, was die Familie auf dem Feld geerntet hat. Die Regierung von Ghana hat deshalb mit einer großen Kampagne dafür geworben, dass Eltern auch die Töchter etwas lernen lassen. Monatelang tönte morgens, mittags und abends immer wieder dasselbe Lied aus den Radios: „Mama, I want to go to school“ – „Mama, ich möchte zur Schule gehen!“ Gesungen wurde das von einer Mädchengruppe.

Noch heute ist dieses Lied Naakus liebste Musik. Sie ist jetzt in der fünften und damit vorletzten Klasse der Grundschule. Sie wünscht sich sehr, dass sie anschließend noch drei weitere Jahre in die Mittelschule gehen darf. Doch die kostet Geld. Naaku hofft, dass die Eltern das trotzdem für sie bezahlen.

Mama Mitis Kinder

In Pirantos Heimat Kenia wird eine Frau, sobald sie Mutter geworden ist, mit Mama und dem Namen ihres ersten Kindes angesprochen. Die berühmteste Mutter dieses ostafrikanischen Landes ist Mama Miti. Doch Miti ist kein Kind, Miti heißt Baum.

Der richtige Name von Mama Miti ist Wangari Maathai. Sie ist die erste Afrikanerin, die jemals eine der höchsten Auszeichnungen der Welt, den Friedensnobelpreis, bekommen hat. Das war im Jahr 2004. Der Preis war der Dank für ihren Kampf gegen Dürre, Hunger, Armut und Not in Afrika.

Mama Miti ließ in ihrer Heimat Kenia dreißig Millionen Bäume pflanzen. Rund um die Schulen fing sie damit an. Die Bäume sollen helfen, dass jedes Kind in Afrika genug zu essen hat. Mama Mitis Baum ist ein Symbol für die Zukunft des Landes. Bäume geben Schatten. Wichtiger aber ist, dass ihre Wurzeln helfen, das Regenwasser in der Erde zu speichern. Afrikas Wüsten wachsen auch deshalb, weil viel fruchtbarer Boden durch das Abholzen von Bäumen verloren geht. Mit deren Holz haben die Menschen Feuer gemacht, um darauf kochen zu können. Ohne Bäume keine Wurzeln: Fehlen die, kann der Wind umso leichter das Erdreich abtragen. So geht wertvoller Boden verloren. Obendrein werden auf viel zu großen Flächen des ohnehin dürftigen Ackerlandes in Afrika Tee, Kaffee oder Kakao angebaut. Dies alles kann man zwar im Ausland gut verkaufen, doch wenn die Preise fallen, reicht der Erlös für die Bauern nicht mehr zum Leben aus. Mama Miti kämpft dafür, dass die Afrikaner mehr Getreide und Gemüse anbauen, um erst mal selbst satt zu werden. Damit Afrika seine Kinder eines Tages ohne fremde Hilfe ernähren kann.

Albanien, Andorra, Belgien, Bosnien-Herzegowina, Bulgarien, Dänemark, Deutschland, Estland, Finnland, Frankreich, Griechenland, Großbritannien, Irland, Island, Italien, Jugoslawien, Kroatien, Lettland, Liechtenstein, Litauen, Luxemburg, Malta, Mazedonien, Moldawien, Monaco, Niederlande, Norwegen, Österreich, Polen, Portugal, Rumänien, der westliche Teil von Russland, San Marino, Schweden, Schweiz, die Slowakische Republik, Slowenien, Spanien, die Tschechische Republik, der westlichste Teil der Türkei, Ukraine, Ungarn, Vatikanstadt, Weißrussland – diese 44 Länder gehören zu Europa. Es ist nach Australien der zweitkleinste Kontinent mit rund 700 Millionen Einwohnern – und wir leben mitten darauf.

So leben die Kinder Europas

So leben die Kinder Europas

Lebertran und Sommernacht-Spiele

Wenn nur dieser Lebertran nicht wäre! Thordís schüttelt es jeden Tag. Aber ihre Mutter besteht darauf, dass sie regelmäßig einen Löffel voll von dem gelben fetten Öl aus Fischleber zu sich nimmt. Die Sonne macht sich rar in den Wintermonaten zwischen November und März in ihrer Heimat unterhalb des Polarkreises. Dann herrscht in Island fast rund um die Uhr Dunkelheit. Die Vitamine im Lebertran sollen helfen, dass Thordís trotzdem wach, fröhlich und gesund bleibt. Also schluckt sie täglich tapfer ihre Ration. Die dunkle Zeit hat aber auch etwas Gutes: Abends erzählt Oma Geschichten von Elfen, Gnomen und Trollen. Die leben, versteckt vor den Augen der Menschen, zwischen Felsen und Moos.
Die am nordwestlichen Rand Europas gelegene Inselwelt steckt voller Geheimnisse. Wie gern würde Thordís einmal einer Elfe begegnen! Doch die Fabelwesen sind sehr scheu und verstecken sich vor den Menschen. Manchmal schmökert das Mädchen selbst in einer der alten Sagen, von denen es so viele in Island gibt. Einige sind über 1 000 Jahre alt. Sie wurden in derselben Sprache aufgeschrieben, die Thordís noch heute spricht. Dann ist sie stolz, eine Nachkommin der Wikinger zu sein. Dieses Seefahrer-Volk hat vor 1 000 Jahren die Insel besiedelt. Viele isländische Familien können ihren Stammbaum bis dahin zurückverfolgen.

Manchmal träumt Thordís von der Mittsommernacht, wenn im Juni die Sonne gar nicht und in den Wochen davor und danach zwischen Mai und August nur für wenige Stunden untergeht. Auch in Finnland, Schweden und Norwegen und den baltischen Ländern am Rande der Ostsee ist das so. Die Letten, Esten und Litauer nennen diese helle Zeit „weiße Nächte". Die Kinder dürfen sich dann noch mitten in der Nacht mit ihren Freunden und Freundinnen draußen herumtreiben. Die Großen feiern fröhliche Feste im Licht.

Rumtoben erlaubt

Wild toben Fabricio und die vielen anderen Kinder zwischen den Tischen der Trattoria herum. Dort, im Gasthaus, hat sich wie fast an jedem Sonntagabend die ganze große Familie zum Essen versammelt. Es kann viele Stunden dauern, bis alle Antipasti, Primi Piatti, Secondi, Contorni, Dolci oder der Formaggio verzehrt sind. Aus so vielen Gängen – leckeren Vorspeisen, einem Nudel-, danach einem Hauptgericht mit Gemüse oder Salat und zum Abschluss einer Süßspeise oder Käse – besteht ein richtiges italienisches Essen. Und weil es in Gesellschaft noch besser schmeckt, kommen am Sonntag alle zusammen: die Nonnas und Nonnos –

Omas und Opas –, die Onkel und Tanten, die Cousins und Cousinen. Manchmal sind auch Freunde der Familie dabei – und alle haben ihre Kinder mitgebracht. Da geht es dann laut und munter zu. Die Italiener stört das nicht. Niemand käme in diesem Land auf die Idee, von Kindern zu verlangen, dass sie einen ganzen Abend lang brav am Tisch sitzen müssen. Fabricio und seine Freunde kriechen sogar vergnügt auf dem Fußboden zwischen den Beinen der Großen hindurch oder spielen Fangen im Lokal. In Fabricios Heimat ist Kindern fast alles erlaubt. Sie gehören einfach überall dazu. Selbst wenn sie toben. Die Erwachsenen sagen dann: Kinder sind eben so. Vielleicht haben sie aber nur keine Lust, immerzu streng zu sein ...

Sommer, Winter, Tag und Nacht

Wie soll Thordís schlafen können, wenn rund um die Uhr die Sonne scheint? Da kriegen selbst die Großen kein Auge zu. Und wieso sollen Kinder wie Fabricio abends nach Hause gehen, während der Rest der Familie fröhlich beisammensitzt? In Italien ist es im Sommer oft abends noch viel zu heiß, um ins Bett zu gehen. Manchmal kühlt es die ganze Nacht hindurch nicht ab. Irgendwann fallen Fabricio dann aber doch die Augen zu. In England und Polen, in Russland und Rumänien oder bei uns sind die Sitten viel strenger. Für dich heißt es vielleicht spätestens abends um acht: Ab ins Bett! Andere Länder andere Sitten – das gilt auch für das, was Kindern erlaubt wird.

Wie überall auf der Welt bestimmt in Europa die Natur das Leben der Menschen. Unser Kontinent fängt weit oben auf der Erdkugel kurz unterhalb des Nordpols an. Im Süden setzt das Mittelmeer seine Grenze, im Westen taucht er in der Nordsee und im Atlantik ins Wasser ab. An seinem östlichen Rand erhebt sich das Uralgebirge. Dahinter liegt Asien. Weil die beiden Erdteile nicht durch Wasser getrennt sind, wird der Doppelkontinent auch Eurasien genannt.

Wärme und viel Sonnenschein sorgen dafür, dass die Menschen, die im Süden leben, meist etwas gelassener sind. Viel Kälte und Dunkelheit kühlen die gute Laune ab. Die Südeuropäer halten die Nord- und Mitteleuropäer für eher steif und streng. Da ist sicher was dran. Schließlich beneiden wir manchmal die Menschen im Süden darum, wie temperamentvoll und ausgelassen sie oft sind. Im Urlaub lassen wir uns gern davon anstecken.

In Spanien, Portugal oder Italien bestimmen die Temperaturen sogar den Tagesablauf. Im Sommer ist es mittags zum Arbeiten viel zu heiß. Deshalb halten die Spanier, Italiener und Portugiesen Siesta. In dieser mehrstündigen Mittagspause sind alle Geschäfte geschlossen. Oft sind die Straßen menschenleer, weil jeder den Schatten sucht. Dafür geht es abends draußen umso munterer zu. Die fehlende Mittagszeit wird nachgeholt, und das Leben spielt sich im Freien auf den Straßen und Plätzen ab. Deshalb springen auch Fabricio und seine Freunde noch nach 20 Uhr draußen herum.

In Island, den skandinavischen und baltischen Ländern wie Finnland, Schweden, Norwegen, Dänemark, Estland, Lettland und Litauen sind die Winter lang. Hell und Dunkel trennen zwar dort auch Tag und Nacht, aber vor allem Sommer und Winter. Im Winter steht die Sonne so weit im Süden, dass ihr Licht es nicht über den dicken Bauch der Erde bis an deren oberes Ende schafft. In den Sommermonaten dagegen scheint sie fast rund um die Uhr, weshalb es nur wenige Stunden oder gar nicht dunkel wird. Dann wird die Nacht zum Tag.

Eis und heiß

Wenn es bei uns im Mai oder Juni warm wird, kannst du endlich wieder baden gehen. Es ärgert dich, wenn der Sommer mal wieder kühl und verregnet zu werden droht. Fabricio und seine Freunde haben es da besser: In Italien ist es im Sommer zum Baden fast immer warm genug. Es muss schon Hunde und Katzen regnen, bevor der samstägliche Ausflug ans Meer ins Wasser fällt. An den Wochenenden stehen die Italiener stundenlang im Stau, um zu den Stränden zu fahren. Es gibt jede Menge davon in diesem Land, das wie ein Stiefel aussieht und ins Mittelmeer ragt.

Hanna aus Österreich geht dagegen gern zum Wandern. Richtig klettern kann sie auch. Manchmal nimmt ihr Vater sie mit in die hohen Berge. Dann sichert sich Hanna geschickt mit Seil und Haken in den Felswänden ab. Im Winter ist sie kaum von den Skiern zu kriegen. Selbst die steilsten und schwierigsten Pisten schrecken sie nicht ab.

Der Engländer Jamie geht in der warmen Jahreszeit am liebsten zum Segeln. Manchmal besucht die Familie auch ein Pferdepolo-Turnier. Jamie mag diesen Sport, bei dem sich Reiter mit langen Schlägern einen Ball zuspielen oder ihn der gegnerischen Mannschaft abjagen. Er selbst kann gut Tennis spielen. Wenn es trüb, neblig und kalt wird, verkriecht er sich aber wie viele Briten lieber hinter dem warmen Kamin.

Thordís' größtes Vergnügen ist es, bei Schnee und Eis draußen baden zu gehen, am liebsten in Islands „Blauer Lagune". Dort pumpt ein Kraftwerk aus über 240 Metern Tiefe heißes Wasser aus der Erde und erzeugt daraus Strom. Das danach „nur" noch vierzig Grad warme Nass füllt einen riesigen See, der in der Kälte dampft. Thordís lebt zwar im kühlen Norden, aber gleichzeitig auf der größten Vulkaninsel der Welt. In Island springt das Wasser aus Geysiren aus der Erde. Geysire sind heiße Springquellen. Aus dem größten, dem Strokkur, schießt alle paar Minuten eine dreißig Meter hohe Fontäne empor. Nicht ohne Grund heißt die nördlichste Hauptstadt Europas Reykjavik, „Rauchende Bucht".

Eis und heiß mögen auch die Norweger, Schweden und Finnen gern: Sie haben die Sauna erfunden. In diese beheizten Holzhütten setzen sie sich, bis ihnen der Schweiß aus den Poren tropft. Zum Abkühlen stürzen sie sich danach in einen der vielen Seen oder wälzen sich im Schnee. Brrrr! Das muss man mögen! Auf jeden Fall härtet es ab.

Hurra – in Mathe eine Sechs!

Jakub strahlt vor Freude, als er seine Mathearbeit zurückbekommt: Gott sei Dank, eine Sechs! Beim letzten Test hat es der polnische Junge aus Krakau gerade mal auf eine drei geschafft. Jetzt hat er die beste Note bekommen. Vielleicht kann er ja doch noch Schulkönig werden? Wenn es Zeugnisse gibt, bekommt der oder die Beste der Schule eine Krone aufgesetzt. Sein oder ihr Foto schmückt dann das schwarze Brett. Im nächsten Schuljahr müssen die neuen Erstklässler vor dem „König" oder der „Königin" ihren Eid ablegen und versprechen: „Ich will ein guter Schüler werden. Ich will immer fleißig sein. Ich will ein guter Pole werden."
Die Schwedin Viktoria kennt so etwas nicht – bis zum neunten Schuljahr bekommt sie noch nicht einmal Noten. Erst in diesem letzten Grundschuljahr erhalten sie und ihre Klassenkameraden Zensuren. Bis dahin gibt es für sie keinen Noten-Stress.

So viel Ferien!

Jamie schaut auf den Wecker: Ach, erst halb acht! Da kann er sich nochmal gemütlich im Bett umdrehen. In seiner Heimat England fängt die Schule erst um neun Uhr an. Fabricio freut sich, wenn endlich Juni ist: In diesem Monat beginnen für Italiens Kinder die Sommerferien. In den nächsten 15 Wochen wird Fabricio kein Klassenzimmer von innen sehen. Noch besser geht es Radka aus Lettland: Sie hat in den Sommermonaten sogar eine Woche länger frei als die italienischen Kinder.

Deine Sommerferien sind viel kürzer. Dafür gibt es in Deutschland mehr Feiertage, an denen die Schule geschlossen bleibt. In England fängt der Unterricht erst morgens um neun Uhr an. Die Kinder verbringen aber fast den ganzen Tag in der Schule. Das ist in Deutschland nur vereinzelt so. In Jamies Land gibt es noch etwas Besonderes: Die Schulkinder ziehen alle das Gleiche an. Die Mädchen stecken in ordentlichen Faltenröcken und Blusen, die Jungen in dunklen Hosen und hellem Hemd. So kann keiner damit angeben, dass er coolere Klamotten als die anderen trägt. Deshalb gibt es ja diese Uniformen. Außerdem ist keinem Kind anzusehen, ob es aus einer armen oder reichen Familie kommt.

Nun schreibt mal schön ab ...

Alle Schüler stehen auf, wenn Jakubs Lehrerin morgens das Klassenzimmer betritt. Sie begrüßen einander. Erst wenn die Lehrerin es erlaubt, dürfen sich die Kinder setzen.

Lockerer sind die Sitten in Finnland: Hier duzen sich Schüler und Lehrer und sprechen sich mit dem Vornamen an. Kein Lehrer schimpft, wenn die Schüler während des Unterrichts die Köpfe zusammenstecken, um eine Aufgabe gemeinsam zu lösen. Im Gegenteil: Die Lehrer sehen das gern.

An Jamies Schule in Großbritannien wird viel Sport getrieben. Es gibt eine Hockey-, eine Rugby- und eine Fußballmannschaft, ein Squash- und ein Tennisteam. Nach Schulschluss um vier Uhr am Nachmittag gehen viele der Kinder noch längst nicht nach Hause. Sie treffen sich lieber im Computer- oder Schachclub, lernen gemeinsam Kochen, Basteln zusammen oder suchen sich eine andere Aufgabe, die nicht auf dem Stundenplan steht. Die Schule ist in England für die Kinder wie ein zweites Zuhause.

Grüezi! Buon giorno! Bon jour! Bun di!

Wenn Maria aus Bellinzona in den Ferien auf André aus Lausanne und Greta aus Zürich trifft, kann es sein, dass sie sich nur mit Mühe verständigen können. Alle drei Kinder kommen aus demselben Land, der Schweiz. Und doch spricht jedes von ihnen eine andere Sprache. Marias Muttersprache ist Italienisch, während André Französisch parliert und Greta Schweizerdeutsch spricht. Nur Franz, der im Kanton Graubünden aufwächst, kann wenigstens mit Maria oder Greta problemlos reden: In diesem Kanton – so heißen die Bundesländer der Schweiz – gibt es Gegenden, in denen die Bewohner Rätoromanisch sprechen. Die Kinder müssen dort aber von der ersten Klasse an Deutsch oder Italienisch lernen. Begrüßen sich die vier Kinder, sagt Maria buon giorno!, André bon jour!, Greta Grüezi! und Franz bun di! So sagen die Schweizer Grüß Gott oder Guten Tag.

Schlümpfe sprechen drei Sprachen

In Deutschland gibt es verschiedene Dialekte. Dass die sieben Millionen Schweizer unterschiedliche Sprachen sprechen, ist aber etwas anderes. Dialekte gibt es dort obendrein. Ob jemand Sachse, Franke, Berliner oder Friese ist, spätestens in der Schule muss jedes Kind Hochdeutsch lernen. In der Schweiz, deren Berge den Norden Europas vom Süden trennen, ist das anders: Dort findet der Unterricht in der Sprache des jeweiligen Kantons statt, also auf Deutsch, Französisch oder Italienisch. Das Rätoromanische ist eine uralte Sprache, die vom Lateinischen abstammt. Nur rund 36 000 Schweizer sprechen sie. Rätoromanisch ist trotzdem eine der vier offiziellen Landessprachen. Die Kinder aus diesem Sprachraum müssen aber von der ersten Klasse an eine der anderen Amtssprachen lernen. Die übrigen bekommen eine zweite später dazu: die „Italiener“ Deutsch oder Französisch, die „Franzosen“ Italienisch oder Deutsch und die „Deutschen“ Französisch oder Italienisch. Wenn Marias, Andrés und Gretas Eltern aufeinander treffen, kann es gut sein, dass sie nur Englisch miteinander sprechen, weil das vermutlich jeder von ihnen kann.

Die Schweiz ist nicht der einzige europäische Staat mit verschiedenen Muttersprachen. In Belgien, dem Land, aus dem die Schlümpfe kommen, sprechen die Flamen im Norden Niederländisch, die Wallonen im Süden Französisch und einige Einwohner im Osten Deutsch. Im kleinen Luxemburg wird im Kindergarten Lëtzebuergesch geplappert, die Grundschüler lernen Deutsch und die Größeren Französisch. In Spanien kannst du die Leute Spanisch, Galizisch oder Bas-

kisch sprechen hören, auf den britischen Inseln Englisch, Irisch, Schottisch und Walisisch. Außerdem lernt jedes europäische Kind eine echte Fremdsprache. Meist ist das die Weltsprache Englisch, es kann aber auch Französisch, Spanisch oder Russisch sein, das früher alle Osteuropäer lernen mussten. Heute wählen die Kinder dort gerne Deutsch, weil dieses Land ihnen im Westen am nächsten liegt.

Schnabelgeiss und Schabernack

Greta freut sich auf den Jahreswechsel. Die Eltern wollen mit ihr ins Berner Oberland zum „Übersitz“ fahren. In der Nacht des letzten Wochentags vor dem neuen Jahr ziehen dort in den Bergen schaurige Fabelwesen durch die Straßen. Vom Einbruch der Dunkelheit bis zum Morgengrauen vertreiben sie die bösen Geister. Natürlich ist das Ganze nur ein Mummenschanz, hinter dem verkleidete Menschen stecken. Früher

haben die Leute wirklich geglaubt, so könnten sie für das neue Jahr Böses von ihren Dörfern abwenden. Heute sind solche Bräuche einfach ein fröhliches Spektakel, zu dem auch Touristen als Zuschauer extra aus dem Ausland kommen. Greta weiß nicht so recht - eigentlich glaubt sie ja nicht an Geister und Gespenster. Aber vielleicht ist an den alten Geschichten der Einheimischen doch etwas dran? Schaden kann's jedenfalls nicht, beim Geisteraustreiben dabei zu sein. In Acht nehmen wird sich die Schweizerin aber vor der gefürchteten Schnabelgeiss: Diese Schreckgestalt hat einen langen Hals wie eine Giraffe und ist in ein weißes Tuch gehüllt. Manchmal packt sich das Wesen einen der Zuschauer vom Straßenrand, zieht sein Opfer mit sich und spielt ihm zum Vergnügen der anderen einen Streich. Greta will lieber nicht zum Ziel eines solchen Schabernacks werden.

Winter, hau ab!

Die Wochen von Dezember bis zum Ende des Winters sind in vielen Ländern Europas besonders geprägt von volkstümlichen Festen. Es ist eine geheimnisvolle Zeit, wenn sich das alte Jahr verabschiedet und das neue erwartet wird, wenn noch Winter herrscht und sich die Menschen nach dem Frühjahr sehnen. Viele Sagen und Mythen begleiten die Tage und Nächte rund um die Wintersonnenwende. Oft werden dann uralte heidnische Bräuche wiederbelebt. Sie stammen aus Zeiten, in denen die Menschen noch an Naturgötter glaubten.

Nicht nur in den Alpenländern ist das so. Auch in Polen, Tschechien, Russland oder Slowenien gibt es Feste zum Geister- und Wintervertreiben. Als sich das Christentum in ganz Europa verbreitete, hat die Kirche zwar mit dem Geisterglauben Schluss gemacht, doch viele alte Traditionen blieben erhalten. Mancherorts haben sie sich mit den christlichen Ritualen vermischt. Oder sie wurden zum fröhlichen Schabernack – so wie der Schweizer „Übersitz". An diesem Tag werden die Erwachsenen wieder zu Kindern, wenn sie sich als Geisterschreck in den Straßen herumtreiben.

Weihnachtswichtel, Hexe und Väterchen Frost

Dieses Jahr wird sich Nadja als Schneeflocke verkleiden, wenn Väterchen Frost und sein Schneemädchen Sneguratschka in der Silvesternacht zu ihr kommen. Was der gütige Alte im roten Mantel und mit Rauschebart dem russischen Mädchen wohl diesmal mitbringt?
Fabricio freut sich besonders auf zwei Tage im Jahr: auf den 25. Dezember und den 6. Januar. An Weihnachten geht die Familie in die Kirche, um die Geburt des Jesuskinds zu feiern und die Krippe anzuschauen. Der 6. Januar, der Drei-Königs-Tag, ist der Tag der italienischen Kinder. Dann kommt die Hexe Befana, um ihnen Geschenke zu bringen. Die Alte soll vor über 2000 Jahren zu spät zur Krippe gekommen sein. Seitdem irrt sie jedes Jahr um die Weihnachtszeit von Haus zu Haus, um die Kinder zu beschenken und dabei vielleicht doch noch das Christuskind zu finden.
Jamie hängt am 24. Dezember einen Strumpf in den Kamin. Er hofft, dass der Weihnachtsmann Geschenke hineinwirft, wenn er in der Heiligen Nacht mit seinem Schlitten über den Himmel und Jamies Zuhause saust. Am 25. Dezember, dem Weihnachtsfest selbst, geht es in der Familie des Engländers ausgelassen

zu: Zum Festessen setzt sich jeder ein Papphütchen auf, öffnet Knallbonbons, und alle sind fröhlich wie an keinem anderen Tag im Jahr.

Die Kinder in Skandinavien warten in der stillen Zeit ebenfalls auf den Weihnachtsmann, in Norwegen wird er Julenisse genannt. In Thordís' Heimat Island dagegen gibt es 13 Jólasveinar, Kobolde, deren Namen sagen, was sie so treiben: Einer zum Beispiel heißt Türknaller, ein anderer Schlafschreck und ein dritter Löffellecker. 13 Tage lang kommt jeden Abend ein anderer Wicht, um den Isländern einen Streich zu spielen. Am 6. Januar lodern dann auf der ganzen Insel die „Elfenfeuer“: Die Weihnachtsbäume werden verbrannt, und alle tanzen und springen um und über die Flammen.

Ein Tag der Sonne und des Lichts

Für die meisten Kinder Europas ist Weihnachten der schönste Tag im Jahr. Egal, ob sie an das Christkind, den Weihnachtsmann oder den Julenisse glauben. Die Christen feiern dann Jesu Geburt. Dass dieses Fest seit rund 1 600 Jahren am 25. Dezember begangen wird, hat aber vermutlich einen anderen Grund: Schon die alten Römer feierten an diesem Tag einen Sonnengott. Die Christen haben das Datum möglicherweise nur übernommen. Genau weiß man das nicht. Anderswo, wie zum Beispiel in Russland, findet das christlich-orthodoxe Weihnachtsfest erst am 7. Januar statt. Geschenke gibt es dort schon in der Neujahrsnacht oder am Morgen des 1. Januar. Jedes Land hat da seine ganz eigene Tradition. Den

Schweden ist neben Weihnachten der Gedenktag an eine Heilige wichtig, die vom anderen Ende Europas, aus dem italienischen Sizilien, stammt: Sie feiern am 13. Dezember den Tag der Santa Lucia – in Erinnerung daran, dass diese fromme Frau das skandinavische Land im vierten Jahrhundert vor einer Hungersnot gerettet hat. In Schweden ist es Tradition, dass die Kinder an diesem Tag den Eltern das Essen ans Bett bringen. Die älteste Tochter spielt dabei die Lichterkönigin Lucia: Sie trägt ein weißes Gewand und hat einen Kranz mit brennenden Kerzen im Haar.

Gammelfisch und Haferbrei

Thordís kann schon von weitem riechen, wenn Weihnachten vor der Tür steht. Die Isländer haben in den Wochen zuvor Rochen und Eishaie gefangen. Diese Fische sind giftig. Sie werden in Bretterkisten gelegt, damit die schädliche Flüssigkeit aus ihnen tropfen und sich das Gift im Fleisch zersetzen kann. Das riecht ziemlich übel. Danach aber schmecken die Fische den Isländern gut. Als besonderer Leckerbissen kommt dieses Gericht, das es nur in Island gibt, am Abend vor Weihnachten auf den Tisch. Auch übers Jahr wird in Thordís' Heimat viel Fisch gegessen. Im Meer drum herum wimmelt es ja davon. Der meiste Nordmeer-Fisch, den wir hier kaufen können, wurde dort oben gefangen und tiefgefroren zu uns gebracht. Die Isländer mögen aber auch Räucherfleisch und die Kinder natürlich wie überall

Pommes, Pizza und Hamburger - genauso wie du.
Fish and chips - gebackener Fisch und frittierte Kartoffelstäbchen oder -scheiben - sind Jamies Lieblingsgericht. Zum Frühstück muss er allerdings gesunden Haferbrei, Porridge, essen. Besser schmecken ihm Eier und Speck. An Festtagen tischt die Mutter Lammbraten mit Minzsoße auf.
André aus der Schweiz mag Fondue - geschmolzenen Käse - oder Rösti, geröstete Fladen aus Kartoffelraspeln. Und natürlich die weltberühmte Schweizer Schokolade. Die Spanier essen gern Paella - eine Reispfanne mit viel Gemüse, Muscheln, Fleisch und Fisch. Ratatouille, ein Gemüseeintopf, und Meeresfrüchte mögen die Franzosen. Nadja in Russland löffelt lieber Borschtsch, eine Kohlsuppe mit einem Klecks Sauerrahm, oder lässt sich Blinis, das sind süße Pfannkuchen, schmecken.
Griechisches Gyros mit knoblauch-scharfer Tsatsiki-Creme hast du sicher schon mal probiert, ebenso wie türkischen Döner, Fladenbrot gefüllt mit Fleischschnitzeln, Zwiebeln, Salat und Jogurtcreme. Pizza und Spagetti aus Fabricios Heimat kommen überall auf den Tisch. Bis auf den isländischen Gammelfisch gibt es kaum ein europäisches Gericht, das nicht längst in die Küchen der verschiedenen Länder Eingang gefunden hat.

Wohnen wie in Hogsmeade

Nadja lebt in Moskau. Die Drei-Zimmer-Wohnung ihrer Familie ist im achten Stock eines Hochhauses. Davon gibt es viele in der russischen Hauptstadt. Als die meisten gebaut wurden, wollte der Staat, dass möglichst alle Menschen genau gleich leben und keiner mehr oder weniger als der andere hat. Deshalb sehen die Häuser eins wie das andere aus. In Hochhaus-Siedlungen ist das bei uns oft nicht viel anders.

Fabricio lebt in einem Dorf in der Mitte Italiens. Die Wohnung seiner Eltern ist in einem der alten Steinhäuser, die hier an engen Gassen dicht gedrängt beieinander stehen. Manche Straßen sind so schmal, dass kaum ein Auto durchkommt. Die Häuser spenden sich gegenseitig Schatten. So bleibt es selbst im heißesten Sommer kühl. Am Rand von Fabricios Dorf stehen aber auch neue Häuser aus Ziegelsteinen oder Beton. So malerisch wie in den verwinkelten Dörfern und Städtchen in Ländern wie Italien, Spanien, Portugal oder Griechenland sieht es dort aber nicht aus.

Jamies Heimatstadt Bath könnte die Kulisse für ein altes englisches Märchen abgeben. Viele Dörfer auf der britischen Insel muten an, als sei die Zeit vor Jahrhunderten stehen geblieben. Mancherorts könnte man meinen, in Hogsmeade aus den Harry-Potter-Filmen gelandet zu sein. In England gibt es viele Herrenhäuser, Burgen und Schlösser. Die meisten sind noch heute bewohnt.

Thordís' Daheim ist ein kleines rotes Holzhaus. Es ähnelt dem Zuhause der „Kinder von Bullerbü", die du vielleicht aus den Geschichten der schwedischen Autorin Astrid Lindgren kennst. Früher haben die Isländer mit Torf gcbaut. Einige dieser Häuser stehen noch, sind aber inzwischen Freilicht-Museen. Vielleicht wohnen aber auch die Elfen, Trolle und Gnome dort drin … Jakub lebt mit seiner Familie in Masuren, das ist im Norden von Polen, auf einem Bauernhof.

Uhu, Adler, Hirsch und Bison

Im vergangenen Jahr hat sich Jakub fast kaputtgelacht: Da hat eine Familie aus einer großen deutschen Stadt bei ihm zu Hause ihren Urlaub verbracht. Deren Kinder hatten noch nie eine Kuh gesehen! Sie wussten nicht einmal, dass Kartoffeln aus der Erde gegraben werden und welche wilden Beeren aus dem Wald man essen kann. Die Besucher haben gestaunt, als der polnische Junge ihnen erzählte, dass es in seiner masurischen Heimat 350 verschiedene Vogelarten gibt, darunter den Uhu, die Rohrdommel, den Höckerschwan, Fischadler und Kormoran. Viele dieser Tiere kannten die deutschen Kinder überhaupt nicht, andere hatten sie bislang bestenfalls in Bilderbüchern oder im Zoo gesehen. Kaum glauben wollten sie, dass Jakub auch schon Bibern und Hirschen, Wildschweinen und Bisons begegnet ist.
In der riesigen Naturlandschaft in Polens Norden sind Tiere zu Hause, die früher auch anderswo in Europa lebten, dort inzwischen aber längst ausgestorben sind. Für die Kinder aus Deutschland war der Masuren-Besuch wie eine Abenteuer-

Reise in die Natur. Besonders begeistert hat sie, wenn Jakubs Vater sie mit dem Pferdewagen durch die Wälder oder an einen der unzähligen Seen gefahren hat.

Vor allem in den Ländern Osteuropas gibt es wie in Masuren noch richtige Urwälder und viel unberührte Natur. Die Dörfer dort sind häufig nur durch schmale, manchmal noch nicht einmal geteerte Straßen verbunden. Es gibt wenig Verkehr und keine großen Städte oder Industriegebiete, die die Landschaft verändern oder zerstören. Viele Menschen dort sind Bauern, auch, weil es sonst kaum Arbeit für sie gibt. Jakub weiß aber noch nicht, ob er, wenn er groß ist, auf dem Hof seines Vaters bleiben will. Da er seinem Vater auf dem Feld hilft, erfährt er am eigenen Leib, wie hart die Arbeit eines Bauern ist. Allerdings haben ihn die Stadtkinder beneidet, dass er schon Traktor fahren kann und darf.

Helfen, sparen, Geld verdienen

Jakubs kleine Schwester geht oft mit der Mutter in den Wald, um Pilze zu suchen und Beeren zu pflücken. An den Wochenenden, wenn die Städter aufs Land kommen, bauen die Kinder am Straßenrand ein Tischchen auf. Dort verkaufen sie das Gemüse vom Acker und die selbst gesammelten Früchte aus dem Wald.
Greta geht zweimal in der Woche Babysitten. Mit diesem Gehalt bessert sie ihr Taschengeld auf. Sie spart für neue CDs.
Jamie putzt am Wochenende das Auto seines Vaters. Dafür bekommt er jedes Mal zwei Pfund. So heißt die britische Währung. Zwei Pfund sind ungefähr drei Euro. Er will sich ein neues Computerspiel kaufen.

Vielleicht hast du ja auch schon einen kleinen Job. In Deutschland ist Kindern unter 13 bezahlte Arbeit zwar nicht erlaubt, aber niemand hat etwas dagegen, wenn du wie Jakub, Jamie oder Greta kleinere Aufgaben erledigst und dafür dann auch etwas bekommst. Vielleicht hilfst du der Nachbarin bei der Gartenarbeit oder trägst Prospekte aus. So etwas macht Spaß, und obendrein lernst du etwas dabei.

Anders als in den armen Ländern der Welt bessern sich die meisten Kinder in Europa mit solchen Jobs nur das Taschengeld auf. Es gibt aber auch Familien, die dankbar sind, wenn ihr Kind ein paar Euro, Schweizer Franken, polnische Zloty oder russische Rubel für die neuen Turnschuhe, ein Buch oder die Klassenfahrt beisteuern kann. Jakubs Vater ist froh, dass sein Junge mit anpackt. Denn einen Erntehelfer könnte er nicht bezahlen.

Blindman's Bluff und Blinde Kuh

Jamie ist der „Blindman", der „blinde Mann": Sein Freund hat ihm die Augen verbunden. Sobald Jamie nichts mehr sehen kann, verteilen sich die anderen Kinder im Zimmer und bleiben dort mucksmäuschenstill und wie angewurzelt stehen. Der „blinde Mann" muss eins davon finden. Dann versucht er zu ertasten, wen er ertappt hat. Tippt er richtig, ist seine

Beute der neue „blinde Mann“. Bei uns heißt ein ähnliches Spiel „Blinde Kuh“, die Franzosen nennen es „colin-maillard“ – „blinder Klaus“. In Spanien ist die „Blinde Kuh“ eine „gallina“, eine Henne.

Vielleicht kennst du ja auch „Frau Königin, wie viele Schritte darf ich gehen?“. Italiens Kinder fragen stattdessen den „Wolf“, der hier „lupo“ heißt, wie spät es ist. Ruft der die „Essenszeit“ aus, müssen die anderen Kinder so schnell wie möglich ihren Ausgangspunkt wieder erreichen, damit sie der „lupo“ auf dem Weg dorthin nicht packen kann. Erwischt der Wolf trotzdem einen der Mitspieler, ist der als nächster „lupo“ dran.
Auch unser „Plumpsack“-Spiel ist international: In Bulgarien und Tschechien heißt es „Pesek“, in Frankreich „le facteur“, in England „duck, duck, goose!“.
So unterschiedlich das Leben in den verschiedenen Ländern auch ist: Die Spiele der Kinder ähneln sich überall. Und das nicht nur in Europa. Auch in Asien, Amerika, Afrika und Australien spiegeln sie das Alltagsleben wider und lassen etwas von den Wünschen und Träumen erkennen, die jeder von uns hat.

Der Staat Australien, Mikronesien, Fidschi, Kiribati, die Marshallinseln, Nauru, Neuseeland, Palau, Papua-Neuguinea, Samoa, die Salomonen, Tonga, Tuvalu und Vanuatu – diese 14 Staaten gehören zum Kontinent Australien. Der größte ist das gleichnamige Land Australien. Der Erdteil besteht aber auch aus den tausenden von Inseln und Inselchen Ozeaniens, die wiederum in Melanesien, Polynesien und Mikronesien aufgeteilt sind. Australien ist der kleinste Erdteil, auf ihm leben rund 31 Millionen Menschen. Er wird auch „down under" – „unten drunter" – genannt, weil er auf der uns genau entgegengesetzten Seite des Erdballs liegt. Der Rest der Welt hat früher gerätselt, warum die Menschen dort nicht runterfallen. Mancher glaubte gar, sie müssten die Füße am Kopf haben. Deshalb wurden die Australier auch Antipoden, „Gegenfüßler", genannt.

So leben die Kinder Australiens

So leben die Kinder Australiens

Waris Sprung ins große Leben

Waris Herz klopft bis zum Hals. Wie hat er diesem Tag entgegengefiebert! Und jetzt zittern ihm doch die Knie, als er auf dem 25 Meter hohen Holzturm steht. Die Lianen-Seile an den beiden Fußgelenken sitzen fest. Sie sind elastisch wie ein Gummiband und so bemessen, dass er nicht mit dem Kopf auf dem Boden aufschlägt. Lautlos zählt er: drei, zwei, eins – und Absprung! Sekundenbruchteile später berühren seine Haare die Erde. Die Leute aus seinem Dorf auf der Insel Pentecost, die zur melanesischen Südseerepublik Vanuatu gehört, jubeln, tanzen und singen. Jetzt ist Wari ein junger Mann! Er hat mit seinem ersten Nagoll, dem Kopfüber-Sprung von einem wackeligen Turm, bewiesen, dass er kein Kind mehr ist.

Bungee-Springen mit einem Gummiband am Bein als Mutprobe – das tun tollkühne Menschen bei uns aus Spaß, weil sie sich davon einen ganz besonderen Nervenkitzel versprechen. Auf der anderen Seite der Erdkugel, in Vanuatu, ist es ein uraltes Ritual und heißt Nagoll. Mit ihm bitten die Männer um eine erfolgreiche Jagd und eine üppige Ernte. Die elastischen Seile der Liane, einer tropischen Schlingpflanze, die du vielleicht aus den Geschichten des Urwald-Helden Tarzan kennst, bewahren die Springer davor, zu Tode zu stürzen. Berühren soll ihr Kopf den Boden allerdings schon, so wie Waris Haare. Nagoll ist in Vanuatu zugleich ein Fest, und zwar das wichtigste im Jahr. Für die heranwachsenden Jungen ist Nagoll noch aus einem anderen Grund ein besonderer Tag. Aufgeregt haben sie zugesehen, wie die Männer des Dorfes aus Baumstämmen und Ästen einen dieser wackeligen Holztürme in den Himmel gebaut haben. Jeder Junge, der sich zum ersten Mal von dort oben aus 25 Metern Höhe in die Tiefe stürzt, wird damit zum Teenager. Es ist für ihn der Sprung in die Erwachsenenwelt.

Nicht ohne ein Tattoo

Sulu beißt die Zähne zusammen: Schon spürt er die Spitze des messerscharfen Knochens auf seinem Arm. Der Meister holt aus – und schlägt den Knochen mit einem Stock kurz und heftig in Sulus Haut. Punkt für Punkt geht das weiter so, bis das Tatau mit einem Symbol aus der Geschichte von Sulus Heimat endlich fertig ist. Jetzt kann jeder sehen, dass Sulu ein tapferer junger Mann von einer der vier bewohnten Inseln des polynesischen Samoa ist. Tatau heißt so viel wie „eine Wunde schlagen". Ja, wehgetan hat es schon, das Wundenschlagen, aber Sulu ist stolz auf sein Tatau.

Didgeridoo und Bumerang

Ob das Bungee-Springen, die uns als Tattoo bekannten Tätowierungen, das Didgeridoo, dieses ungewöhnlich lange Rohr, das beim Hineinblasen Töne erzeugt wie kein anderes Instrument, oder der Bumerang, das Wurfholz, das immer wieder zurückkehrt: All das kommt von der uns entgegengesetzten Seite der Erdkugel, aus Australien. Zu diesem Kontinent gehören auch die Inselwelt Ozeaniens, Tasmanien und Neuseeland. Bungee, Tattoo, Didgeridoo und Bumerang haben die Ureinwohner Australiens erfunden. Sie haben als erste Menschen vor zigtausenden von Jahren die Erde dort unten besiedelt: Es sind die Vorfahren der Bewohner der oft winzig kleinen Pazifik-Inseln von Melanesien, Polynesien und Mikronesien. Die Ur-Ur-Ur-Großeltern der noch heute so genannten Aborigines sind die angestammten Bewohner des sechstgrößten Staates unserer Erde, des Landes Australien, das den gleichen Namen wie der ganze Kontinent trägt. Und die Maori gehören dazu, die ursprünglich aus Polynesien kommend vor 1300 Jahren das davor gelegene Neuseeland zu ihrer Heimat machten.

Wir sind schon länger da!

Vor allem die Aborigines und die Maori wurden von den Vorfahren der Leute, die wir heute als Australier bezeichnen, verdrängt und fast ausgerottet. Dabei kamen diese Einwanderer erst vor rund zweihundert Jahren auf den von der restlichen Welt so weit entfernten Kontinent: Die ersten Europäer dort waren Portugiesen und Holländer. Dann kamen die Briten und nahmen das Land in Beschlag, um es zu besiedeln. Diese Siedler ließen sich allerdings nicht freiwillig dort nieder: Weil die englischen Gefängnisse hoff-

nungslos überfüllt waren, verfrachtete die britische Regierung einige Sträflinge nach Australien.

Die Ankömmlinge nahmen den Ureinwohnern fast alles: Land, Rechte, Zigtausende töteten sie. Auch Krankheiten und Seuchen brachten die Siedler mit, denen die Aborigines schutzlos ausgeliefert waren. Masern zum Beispiel gab es dort ursprünglich nicht. Deshalb hatten die Menschen dagegen keine Abwehrkräfte. Die Vorfahren der Aborigines hatten sich rund 50 000 Jahre vorher von Südostasien aus kommend auf dem ältesten Kontinent der Erde niedergelassen. Forscher schätzen, dass es ihn bereits vor 4,4 Milliarden Jahren gab.

Erst in den letzten Jahrzehnten ist in den „modernen" Australiern das schlechte Gewissen darüber erwacht, was ihre Ahnen den Ureinwohnern angetan haben. Erst jetzt wird deren Rechten und Kultur Respekt entgegengebracht. Auch die Bewohner der kleinen Südsee-Inseln mussten ihre Sitten und Gebräuche verteidigen, als Missionare aus Europa im 18. Jahrhundert nicht nur den christlichen Glauben, sondern auch die Lebensweise ihrer Herkunftsländer dorthin verpflanzten. Gleichberechtigung gegenüber den Weißen haben die Aborigines Australiens und die Maori Neuseelands erst vor ein paar Jahrzehnten bekommen. Heute werden ihre angestammten Riten und Lebensweisen von Menschen aus aller Welt mit Interesse bestaunt. So gibt es „down under" – „dort unten" –

beides: in den Städten, die neun von zehn Menschen des Landes Australien beherbergen, modernes Leben, wie wir es aus Europa gewohnt sind. Und im Hinterland uralte Mythen und Gebräuche, die uns auf den ersten Blick sonderbar erscheinen. Im menschenfeindlichen Busch, in den Wüsten und endlosen Weiten des Landes haben sie den Menschen ein Überleben oft überhaupt erst möglich gemacht.

Was Daisy schmeckt ...

Daisy geht mit ihrer Mutter gerne Bush Tucker suchen: Wurzeln und Larven, Nüsse, die Blüten des Flaschenbaums oder leckere Buschtomaten. Manchmal fangen sie eine Echse oder sogar ein Riesenexemplar dieser Tierart, einen Waran. Bush Tucker wird in Australien die Nahrung der Aborigines genannt. Sie besteht aus dem, was der Mensch in der Natur und im Busch an Essbarem finden kann. Die Echsen wird Daisys Mutter in einen Erdofen legen, mit Eukalyptusblättern bedecken und dann in der Glut backen. Mit den Buschtomaten wird sie Damper, das Fladenbrot aus Samen-Mehl, füllen. Und zum Nachtisch hat sie Mus aus Quandong, einer pfirsichartigen roten Frucht, mit Akazienhonig vorgesehen. Daisy läuft schon beim Gedanken daran das Wasser im Mund zusammen.

... und Daisys Leuten **Bauchweh macht**

Damper, das typische Fladenbrot der Aborigines, könnte Daisy inzwischen überall im Land in den Großstädten wie Sydney, Melbourne, Canberra oder Alice Springs im Supermarkt kaufen. Damper ist heute ein typisch australisches Grundnahrungsmittel wie bei uns Brot. Gut möglich, dass ein Restaurant in Brisbane, das seinen Gästen etwas Besonderes bieten will, sogar „Bush Tucker" auf die Speisekarte schreibt – auch wenn der Koch das dann vermutlich nicht gerade aus Insektenlarven zubereitet hat. Australiens Honig, von dem sich die Aborigines seit Jahrtausenden ernähren, ist sogar weltberühmt. Honig schützt den Körper vor schädlichen Bakterien und hilft ihm, mit Entzündungen fertig zu werden – ähnlich wie ein Antibiotikum. Die Ureinwohner wussten das von ihren Ahnen schon lange bevor Wissenschaftler der „modernen" Welt nachgewiesen haben, dass man Honig als Medizin anwenden kann. Vielleicht hat das sagenhafte Honigwesen ihrer Traumwelt, Djarrewarre, sie das gelehrt. Die dunkelhäutigen Aborigines, die sich noch so ernähren wie ihre Vorfahren, sind jedenfalls weitaus gesünder als ihre Schwestern und Brüder, die in die großen Städte des Landes gezogen sind. Die Nahrung der weißen Australier – Fast Food wie Pommes, Pizza und Hamburger, Soft Drinks wie Limonade und Cola mit viel zu viel Zucker, Vegemite, ein würziger Hefeaufstrich fürs Brot, der dort so beliebt ist wie bei uns Nutella, und vor allem Alkohol – tut den Aborigines nicht gut. Gesund ist das alles für niemanden – doch Menschen, die so lange von den Gaben der Natur gelebt haben, macht so etwas krank.

Die Erde – ein einziger Traum

Das Honigwesen Djarrewarre, die Regenbogenschlange Ungud oder der Kängurumann: Das sind nur drei von vielen Traumzeitwesen, die nach dem Glauben der Aborigines die Welt, so wie sie sich den Menschen in Australiens Natur zeigt, geschaffen haben. Auch ein Kind wird erst geboren, wenn eines dieser Traumwesen ihm eine Seele gegeben hat.

In das ganze riesige Land würde Deutschland fast 22-mal hineinpassen. Es von Süd nach Nord zu durchqueren dauert mit der Eisenbahn ganze 48 Stunden. Aber schon lange bevor hier Schienen verlegt wurden, durchzogen Traumpfade das Land. Sie sind den Aborigines heilig. Auf diesen Wegen haben die Traumzeitwesen ihre Spuren hinterlassen. Wer ihnen folgt, kann nicht verloren gehen.

Für die Aborigines ist alles auf der Erde eins und der Mensch nur ein Teil davon. Alles kann der Hort, also das Zuhause eines „Dreaming", eines Traumwesens, sein: die Erde, die Pflanzen, die Tiere, die Flüsse und Steine, die ganze Natur. Einer der heiligsten Orte ist für die Aborigines der weltberühmte Ayers Rock, den sie Uluru, „schattiger Platz", nennen. Nach ihrem Glauben hat die Schlange Ungud diesen größten Steinblock der Welt aus dem Inneren der Erde an die Oberfläche gedrückt, als sie sich einen Weg ans Licht gebahnt hat. In seiner Nähe liegen die Olgas: Wie der Uluru bestehen auch diese Monolithen jeweils aus einem einzigen Stein, nur dass sie viel kleiner als der Ayers Rock sind. Die Aborigines glauben, dass hier ihre Ahnen fortleben. Deshalb bringt es Unglück, wenn jemand die Ruhe dieser magischen Steine stört.

Was **Traumkinder** lernen

Daisy kennt schon einige Traumwesen ihres Volkes. In alle Geheimnisse der Dreamings wird sie aber erst im Lauf ihres Lebens eingeweiht. Es bringt Unglück, wenn sie zur falschen Zeit in falsche Ohren gelangen.

Von ihrer Mutter hat Daisy gelernt, am Rascheln des Gebüschs zu erkennen, ob sich darin ein Waran oder ein stummelschwänziger Wombat versteckt. Sie riecht, wo die besten Busch-Zwiebeln wachsen und welches Kraut sie wo für die Naturapotheke pflücken kann. Daisy kennt sich mit den Tieren ihrer Heimat aus. Das ist gut so und wichtig: Schließlich gibt es in Australien vierzehn der zwanzig giftigsten Schlangen und die gefährlichsten Spinnen der Welt. Wombat, Känguru, Emu, Opossum und Koalabären sind ja noch ganz possierlich. Von Schnabeltieren mit ihrem Giftsporn am Hinterbein hält sich der Mensch aber besser fern. Das lernt jeder Aboriginal schon als Kind.

Auf dem roten Kontinent, wie Australien wegen der Farbe des eisenhaltigen Bodens genannt wird, und im Meer drum herum leben viele Tiere, die es sonst nirgendwo auf dem Erdball gibt. Auf eine Begegnung mit den Riesenkrabben des Pazifik verzichten die Menschen lieber. Einer Ameisenart, den Termiten, die sich durch alles fressen, was aus Holz ist, und ganze Bäume und Häuser zum Einsturz bringen können, verdanken die Aborigines übrigens das Didgeridoo: Ursprünglich wurde dieses Blasinstrument aus den dicken Ästen des Eukalyptusbaumes gemacht, die diese Insekten innen hohl gefressen haben. Die Gänge, die dabei im Holz entstehen, sind von Ast zu Ast unterschiedlich. Deshalb klingt kein Didgeridoo wie das andere. Heute werden diese Instrumente aber auch von Menschenhand gebaut.

Das größte Klassenzimmer der Welt

Natürlich muss Daisy wie alle Kinder der Welt auch Lesen, Schreiben und Rechnen lernen. Sie freut sich immer auf den Unterricht - dabei ist ihre Schule 1 000 Kilometer von ihrem Zuhause entfernt. Das ist viel zu weit, um täglich dort hinzufahren. Trotzdem bringt ihr ein Lehrer jeden Tag etwas bei - ebenso den weißen Farmer-Kindern, die im Outback, dem 1 300 000 Quadratkilometer großen Hinterland Australiens, leben: Daisy und ihre Schulkameradinnen und -kameraden lernen im größten Klassenzimmer der Welt, in einer „school of the air", einer Funkschule. Daisys Funkschule wird von der Stadt Alice Springs aus betrieben. In ganz Australien gibt es 14 dieser Schulen - für alle Kinder, die fernab von Dörfern und Städten wohnen.

Seid ihr alle da?

So riesig groß ist das australische Outback, dass die Farmer dort ihre Rinder- und Schafherden vom Flugzeug aus bewachen oder vom Steuer eines Jeeps oder Motorrads aus zusammentreiben müssen. Das teils lebensfeindliche Landesinnere, wo es bis zu fünfzig Grad heiß werden kann, ist nur dünn besiedelt. Für die

Menschen, die trotzdem dort leben, ist die nächste Stadt oft hunderte von Kilometern entfernt. Wird jemand ernsthaft krank, muss deshalb ein „flying doctor", ein Arzt, der mit dem Flugzeug kommt, gerufen werden. Und Schule findet für die Kinder dieser Farmer – so wie für Daisy eben auch – „aus der Luft" statt: Jeden Vormittag „trifft" sie sich mit anderen Kindern zum Unterricht: Die Schülerinnen und Schüler sitzen, Tagesreisen voneinander entfernt, jeder zu Hause und trotzdem gemeinsam am Funk- und Radiogerät. Über Kurzwelle können sie sich unterhalten und werden von ihrem Lehrer jeden Vormittag zwanzig Minuten lang unterrichtet. Zehn Minuten kommt jeder Schüler dann noch zusätzlich einzeln dran. Schwänzen geht nicht: Meldet sich ein Kind nicht auf den Funkruf, greift der Lehrer zum Telefon und fragt nach, wo es bleibt. Die Lehrbücher und Übungsaufgaben bringen die Fahrer der „Road Trains". So heißen die großen Viehtransporter, die alle zwei Wochen auf dem Weg von Farm zu Farm bei den jeweiligen Schülern vorfahren und die Hausaufgaben mit zurück in die Schule nehmen. Wer Internet-Anschluss hat, darf seine „Hefte" auch per E-Mail verschicken. Einmal im Jahr kommt der Lehrer höchstpersönlich zu jedem einzelnen Kind nach Hause – um vor Ort nachzusehen, wer hinter der Stimme, die er nur vom Funken kennt, steckt. Wer nach der Grundschule weiterlernen will, muss das Outback verlassen: Die Kinder kommen dann meist in ein Internat.

So viel Sonne, so viel Meer!

„Between eleven and three sleep under the tree!" – „Zwischen elf und drei Uhr schlaf unter dem Baum!" ist eine Mahnung, die in Australien schon den kleinen Kindern eingetrichtert wird. Sie sollen in den heißen Mittagsstunden die Sonne meiden. Die Kinder in den Schulen dürfen ohne Kopfbedeckung und Sonnenschutz in den Pausen nicht ins Freie gehen. Die Sonne über Australien kann mit ihren UV-Strahlen weit größeren Schaden anrichten als „nur" einen Sonnenbrand: Die Ozonschicht am Himmel, die Gashülle, die die Erde eigentlich vor den aggressiven Strahlen schützt, hat über dem südlichen Kontinent durch die schädlichen Abgase, die wir Menschen produzieren, ein besonders großes Loch bekommen. Deshalb müssen sich die Australier davor auch besonders sorgfältig schützen. Das ist ziemlich lästig, weil sie ihre Freizeit am liebsten am Meer verbringen: kein Wunder, gibt es dort doch 35 000 Kilometer Küste und tausende von Stränden.

Baywatch Bob

Wenn Bob einmal groß ist, will er Rettungsschwimmer werden. Deshalb ist er schon jetzt Mitglied in der Kinderstaffel von Queenscliff. Das ist neben Manly einer der beiden längsten Strände der mit über vier Millionen Einwohnern größten australischen Stadt Sydney. So schön das Meer ist - seine Strömungen dort sind gefährlich. Trotzdem kommen an manchen Tagen über 50 000 Menschen hierher zum Baden. Die Lebensretter am Strand passen auf, dass ihnen nichts passiert, und eilen zu Hilfe, wenn jemand im Meer in Bedrängnis kommt. Für viele junge Männer Sydneys ist es Ehrensache, in ihrer Freizeit freiwillig und kostenlos Dienst als „Baywatch“, als Rettungsschwimmer, zu tun. Viele Kinder bereiten sich schon früh darauf vor.

Wühlmäuse am Strand

Beim jährlichen Brandungsfest am Strand von Sydney werfen sich erwachsene Männer für ein Kinderspiel in den Sand. Sie wollen in einem Wettbewerb siegen, der Schatzsuchen heißt. Dafür werden im Sand Gegenstände versteckt, von denen jeder Mitspieler möglichst schnell möglichst viele finden muss. Es sieht schon komisch aus, wenn dabei Leute wie Bobs Vater auf allen vieren oder auf dem Bauch liegend durch den Sand robben, um diese „Schätze“ zu ertasten und auszubuddeln.

Auch das Surfbrett-Retten will gelernt sein: Sich mit dem Board in die oft wilden Wellen zu stürzen, um einen in Not geratenen Schwimmer zurück ans Land zu paddeln, erfordert Mut, Kraft und Geschicklichkeit. Beim Brandungsfest wird ein Wettkampf daraus. Bob übt auch das schon in der Kinderstaffel. Neben diesem fröhlichen Wettbewerb am Strand gibt es in Sydney und im ganzen Land aber einen noch viel wichtigeren Tag: Es ist das Fest zur Erinnerung an die Ankunft des ersten britischen Sträflingsschiffes im Jahr 1788 auf dem Kontinent: Der 26. Januar ist „Australien-Tag“. In Bobs Heimatstadt findet dann ein großes Fährschiff-Rennen statt. Platz dafür ist genug: Sydneys Hafen ist 55 Quadratkilometer groß. Mit allen Buchten und Verästelungen ist seine Küstenlinie 240 Kilometer lang! Wer im Boot dort durchfährt, kann manchmal sogar Wale und Delfine sehen.

Dreimal Kiwi, bitte

Die Australier, aber auch ihre pazifischen Nachbarn 2 000 Kilometer weiter südlich, die Neuseeländer, machen sich noch heute gern über ihre Herkunft lustig: dass ihre Vorfahren ursprünglich als Sträflinge ans andere Ende der Welt abgeschoben wurden. Zum Beispiel mit diesem Witz: Ein Neuseeländer will nach Australien einwandern. Er meldet sich bei einem Grenzbeamten seines Traumlandes. Der fragt ihn: „Sind Sie vorbestraft?" „Mist", murmelt der Einwanderungswillige, „ich wusste nicht, dass das noch immer notwendig ist, um hier reinzukommen!"

Dass die Neuseeländer ein humoriges Völkchen sind, sieht man schon an dem Spitznamen, den sie sich selbst gegeben haben: Sie nennen sich „Kiwis". Dabei bezeichnet das Wort „Kiwi" eigentlich etwas ganz anderes: So heißt ein ziemlich ulkiger Vogel, der nicht fliegen kann und tollpatschig auf der Erde herumtapst. Es gibt ihn nur in Neuseeland. Die grüne Frucht gleichen Namens mit pelziger Schale kennst du sicher auch. Eigentlich heißt die Kiwi-Frucht wegen ihrer Herkunft „chinesische Stachelbeere". Und dann sind da eben noch die menschlichen „Kiwis", die Neuseeländer selbst, die damit vielleicht zum Ausdruck bringen wollen, dass sie ganz schön komische Vögel sein können.

Unter der weißen Wolke

Lily ist stolz auf ihre Heimat. In der Schule hat sie gelernt, dass Neuseeland als eines der schönsten Länder der Welt gilt. Es besteht aus zwei Hauptinseln, die Te Ika, der Fisch, und Te Waka, das Kanu, heißen. Wie geheimnisvoll und wild Natur und Landschaft dort sind, weißt du vielleicht aus dem Film „Der Herr der Ringe". Der wurde in Neuseeland gedreht, weil die Landschaft dort so geheimnisvoll und zauberhaft ist, dass sie die passende Kulisse für diese Fantasy-Geschichte bot. Spätestens dadurch wurde Lilys Heimat weltbekannt.

Schon von dem Namen, den die vor rund 1300 Jahren als erste hier gelandeten Polynesier, die Maori, Neuseeland gaben, geht ein Zauber aus: Sie nannten es Aotearoa, das heißt „Land der langen weißen Wolke". Eine lange weiße Wolke hat der Sage nach über der Nordinsel gestanden, als die Ahnen der Maori in ihren Kanus über den Pazifik hierher gepaddelt sind. So fanden sie endlich neues Land. Als die Engländer sich im 18. Jahrhundert in Neuseeland ansiedelten, nannten sie es „Godzone", Gottes Land: Mit seinen grünen Bergen, wilden Flüssen, dunklen Wäldern, heißen Quellen, den Hochgebirgen auf der Südinsel und den Feuer spuckenden Vulkanen kam es ihnen vor, als sei dieses Land den Menschen von Gott persönlich geschenkt. Das hielt die Briten allerdings nicht davon ab, es den Maori erst einmal wegzunehmen. Heute sind die Neuseeländer stolz auf das Maoritanga – das Erbe, die Bräuche, Sitten und Kunst der Maori und ihrer Ahnen.

Ein Drittel des ganzen Landes, das etwa drei Viertel so groß ist wie Deutschland, ist Naturschutzgebiet und darf vom Menschen nicht verändert werden. Auf der Nordinsel, auf der die meisten der vier Millionen Neuseeländer leben, sprudelt bei Rotorua die größte heiße Quelle der Welt: Das Wasser hat bis zu zweihundert Grad. In der Nähe schießt zwanzigmal am Tag der Geysir Pohutu seine bis zu dreißig Meter hohe Wasserfontäne in die Luft.

Hongi, haka und hangi

„Kia ora!" Mit diesem „Guten Tag" in der Maori-Sprache begrüßen sich heute auch die aus anderen Teilen der Welt hierher eingewanderten Neuseeländer. Noch mehr Spaß macht es Lily, ihre Freunde mit einem echten „hongi" willkommen zu heißen: Das ist der traditionelle Gruß der Maori. Die schütteln sich nicht wie wir die Hand, sondern schließen die Augen, reiben ihre Nase an der des Gegenübers und geben dabei ein genüssliches „mmmmm" von sich. Der hongi war beim powhiri, dem traditionellen stundenlangen Begrüßungszeremoniell der alten Maori, ein wichtiges Signal: Den hongi erhielt nur, wer zuvor bewiesen hatte, dass er in friedlicher Absicht kam. Zuvor wurde aber noch der haka zelebriert, ein Kriegstanz, bei dem die Männer ihre Muskeln spielen ließen, um einem möglichen Feind Angst einzujagen. Erwies sich der Gast als wohl gesonnen, bekam er den Nasenkuss – und als besonderen Willkommensbeweis noch ein leckeres hangi, ein Kartoffelgericht aus dem Erdofen, serviert. Dieser Brauch wird heute aber meistens nur noch bei Folklore-Veranstaltungen vorgeführt. Den haka, den

Europäisch-maorischer Kuss

Kriegstanz, hat die neuseeländische Rugby-Nationalmannschaft – das ist dort die beliebteste Sportart – weltweit bekannt gemacht: Die „All blacks", wie die Spieler wegen ihrer schwarzen Trikots heißen, führen vor jedem Spiel, auch bei Weltmeisterschaften, einen beeindruckenden haka auf, der meist die Zuschauer vor Begeisterung von ihren Plätzen springen lässt. Beim Schulsport tanzen auch die Kinder den haka vor jedem Rugby-Spiel.

Lily gräbt ein Loch

Lily freut sich: Heute Abend kommen Gäste. Dabei soll es diesmal nicht wie sonst meistens ein Barbecue, also Leckeres vom Grill, geben, sondern ein echtes „hangi". Dieses traditionelle Gericht der Maori ist eine beliebte Partyüberraschung in Neuseeland. Lily und ihre Brüder haben am Nachmittag geholfen, im Garten eine Grube für den Erdofen auszuheben. Auf dem Boden hat der Vater ein kleines Holzfeuer entfacht und dann Steine auf die Glut gelegt. Lilys Mutter hat derweil Fleisch, Kürbis, Süßkartoffeln, Brotteig, Kohl, Kräuter und Gemüse in Drahtkörbe geschichtet. Diese Körbe hat sie dann auf die heißen Steine gesetzt und mit feuchten Tüchern zugedeckt. Das Ganze wurde schließlich wieder mit Erde zugeschaufelt. Und zwar so dicht, dass kein Dampf entweichen kann. Nach drei bis vier Stunden, kurz bevor die Gäste kommen, wird der Erdofen dann wieder aufgegraben. Lily leckt sich schon beim Gedan-

ken an den Duft die Lippen. Mmhh – wie gut das schmecken wird! Ketchup und Senf, wie Lily sie gern über ihr hangi kippt, kannten die Maori allerdings früher nicht.

Pakeha im Rumaki

Nicht nur das hangi-Essen haben die Neuseeländer von den Maori-Nachfahren der Ureinwohner übernommen. Viele Worte der Maori-Sprache Te Reo Maori haben sich inzwischen mit der englischen Sprache des Landes vermischt. Nur jeder siebte Neuseeländer ist heute ein Maori. Trotzdem werden die Weißen mit einem Maori-Wort benannt: Sie sind die „Pakeha“, das heißt hellhäutig. Damit Te Reo Maori nicht verloren geht, gibt es überall im Land „Kohanga Reo“, Sprachennester, und „Rumaki“, Maori-Kindergärten und -Grundschulklassen, in denen die Sprache der Ureinwohner, deren Tänze, Kunst, Geschichte und alten Legenden gelehrt werden. Auch Pakeha schicken ihre Kinder dorthin.

Ein ganz besonderes Buch

Stolz zeigt Sinaue ihr Märchenbuch vor: Es ist das einzige Buch, das es in ihrer Sprache gibt. Eine Deutsche und eine australische Wissenschaftlerin, die wie Sinaue eine gebürtige Teop ist, haben es geschrieben, damit Sinaues Muttersprache nicht verloren geht.

Sinaues Volk zählt nur rund 6 000 Menschen. Sie leben in Papua-Neuguinea und haben ihre eigene Sprache, die sonst in ihrem Land auf der zweitgrößten Insel der Welt 160 Kilometer nördlich des Staates Australien niemand spricht. Das ist nichts Besonderes in Papua-Neuguinea: Denn die dort lebenden fünf Millionen Einwohner gehören rund 1 000 verschiedenen Ethnien, also kleinen Völkern oder Stämmen, an, die in über 700 verschiedenen Sprachen sprechen.

Sinaue lernt wie die meisten anderen Kinder Papua-Neuguineas in der Schule Englisch und Tok Pisin. In dieser auch Pidgin genannten Sprache spiegelt sich die ganze Geschichte des Landes wider, weil sie ein Mischmasch aus den einheimischen Ur-Dialekten und den Sprachen der früheren Kolonialherren, Englisch und Deutsch, ist. Sinaues Oma kann kein Tok Pisin. Wie viele alte Menschen kann sie sich mit Landsleuten aus anderen Ecken der tropischen Insel gar nicht verständigen. Das soll in Zukunft keinem Papua-Neuguineer mehr so gehen. Schon der Name dieser Sprache zeigt, dass verschiedene Kulturen in ihr zusammengeflossen sind: Tok Pisin ist entstanden aus dem englischen Begriff „talk business", was auf Deutsch Geschäftssprache heißt. Und Geschäfte können Menschen nur miteinander machen, wenn sie sich auch verstehen.

Sei mein Wantok!

Die schönste Stunde ist für Sinaue, wenn die Familie abends nach dem Essen und vor dem Schlafengehen noch zusammensitzt. Jeder berichtet dann, was er tagsüber erlebt hat. Oft erzählt der Vater anschließend noch Geschichten aus der Vergangenheit. Er tut das in Teop, damit auch Großmutter etwas versteht. Die schüttelt oft den Kopf darüber, was ihre Enkelinnen und Enkel so alles an Neuigkeiten aus der Schule mitbringen. Sie selbst hat nie eine besucht und ist nie aus dem Dorf herausgekommen.

Sinaue und ihre Geschwister müssen jeden Tag zwei Stunden durch den Tropenwald marschieren, um zur Schule zu kommen. „Maski", lacht Sinaue, wenn Oma deshalb in Sorge ist. Das Tok-Pisin-Wort Maski kommt aus dem Deutschen und heißt „macht nichts". Schließlich sind alle vom Volk der Teop „Wantoks". Und Wantoks passen aufeinander auf. Wantok kommt von dem Englischen „one talk" und heißt eigentlich nur eine Sprache. Wantok ist aber viel mehr: Ein Wantok ist jemand, der dieselbe Sprache spricht, der einen versteht und auf den man sich deshalb verlassen kann. Um im Dschungel und Tropenwald Papua-Neuguineas zu überleben, müssen die Menschen, die zueinander gehören und fernab von jeder so genannten Zivilisation waren und sind, zusammenhalten. Nur so konnten sich die rund 1000 Ethnien, Stämme oder Clans, die es dort gibt, erhalten. Weil Papua-Neuguinea heute aber ein Staat, ein Land, ist, müssen alle gemeinsam auch ein Wantok sein – ein Volk, das sich untereinander verständigen kann. Dabei hilft Tok Pisin. Mit dem „richtigen" Englisch öffnet sich für Sinaue und ihre Geschwister – wie überall auf der Erde – dann eines Tages vielleicht die Tür zur übrigen Welt.

Register

A

B

C

M

N

O

P

R

S

W

Y

Z

Christine Schulz-Reiss, Jahrgang 1956, ist freiberufliche Journalistin. Nach dem Studium der Germanistik, Geschichte, Politik und Kommunikationswissenschaften in Erlangen und München arbeitete sie als politische Redakteurin und Reporterin bei Tageszeitungen in Stuttgart und München. 1991 machte sie sich selbstständig. Nicht nur beruflich ist sie viel herumgekommen und hat – bis auf einen – alle Erdteile bereist. Seit einigen Jahren schreibt sie Sachbücher für Kinder und Jugendliche. Der Titel *Nachgefragt: Politik* wurde 2004 für den Gustav-Heinemann-Friedenspreis für Kinder- und Jugendbücher nominiert. Christine Schulz-Reiss hat eine Tochter und lebt mit ihrer Familie in der Nähe von München.

Anna Zimmermann wurde 1971 in Berlin geboren, wo sie auch zur Schule gegangen ist und Kunst studiert hat. Jetzt ist sie immer noch in Berlin und sitzt meist mit drei anderen Illustratoren im *Atelier Petit 4* und malt Bilder für Bücher. Manchmal malt sie auch nur so zum Spaß. Dann wird es meistens ein Frosch. Wenn sie mal eine Pause braucht, setzt sie sich mit einem schönen Kaffee vor die Tür und guckt sich die vielen Leute an, die vorbeikommen. Mehr von Anna Zimmermann kann man sich im Internet unter www.petit4.de ansehen.

Die Frage nach dem Woher und Wohin ...

Woher kommen wir? Wohin gehen wir? Das sind die zwei elementaren Fragen unseres Daseins. Jeder Mensch macht sich irgendwann einmal Gedanken über die Entstehung der Welt, über den Sinn des Lebens, über den Tod und auch über die verschiedenen Religionen. Die Bücher „Denk dir die Welt", „Was glaubt die Welt?" und „Was verbindet die Welt?" laden dazu ein, sich mit philosophischen und religiösen Fragen zu beschäftigen und über das „Nicht-Sichtbare" nachzudenken.

ISBN-13: 978-3-7855-4677-2

ISBN-13: 978-3-7855-5379-4

ISBN-13: 978-3-7855-5211-7